£16.95

016707

LIBREX

# Gwaedd y Lleiddiad

BLODEUGERDD BARDDAS
O GERDDI'R AIL RYFEL BYD
1939–1945

# Gwaedd y Lleiddiad

Golygyddion:
*Alan Llwyd ac Elwyn Edwards*

CYHOEDDIADAU BARDDAS

(h) ar y Rhagymadrodd: Alan Llwyd

Argraffiad Cyntaf – 1995

ISBN 1 900437 01 5

Y mae Cyhoeddiadau Barddas yn gweithio gyda chefnogaeth ariannol
Cyngor Celfyddydau Cymru, a chyhoeddwyd y gyfrol hon
gyda chymorth y Cyngor.

Cyhoeddwyd gan Gyhoeddiadau Barddas
Argraffwyd gan Wasg Dinefwr, Llandybïe, Dyfed

# Cynnwys

## ADRAN XIII: 'WEDI'R DRIN'

## ADRAN XIV: 'DACHAU, SOBIBOR, AUSCHWITZ'

*Rhag garw waedd y lleiddiad*
*a'r briwgig yn y baw ...*

'Mewn Brwydr Nos', Alun Llywelyn-Williams

# Rhagymadrodd

Dechreuodd yr Ail Ryfel Byd yn Sbaen ym 1936, a daeth i ben gyda'r dadlennu ar erchyll-terau Natsïaeth a chyda gollwng y bom atomig ar Hiroshima a Nagasaki ym 1945. Ffurfiwyd yr ymwybyddiaeth lenyddol fodern ddiweddar yn rhywle rhwng Guernica a Treblinka. Ym myd barddoniaeth, a llenyddiaeth yn gyffredinol, Rhyfel Cartref Sbaen a gwersyll-garcharau Hitler oedd y ddwy thema fawr i ddeillio o'r cyfnod 1936-1945, ac wedi hynny, yn y cyd-destun Ewropeaidd o leiaf. Yn ôl un beirniad, cynhyrchwyd mwy o farddoniaeth, a llenydd-iaeth, gan Ryfel Cartref Sbaen a hil-laddiad yr Iddewon na chan yr Ail Ryfel Byd ei hun:[1]

> Neither of the two much larger conflicts that preceded and followed Spain's civil strife – World War I and World War II – inspired anything near the number of writers who have treated the Spanish Civil War. No necessary correlation exists between the mili-tary significance of an event and the quality or quantity of the literature that it inspires, and only the Holocaust offers a parallel with the Spanish Civil War as a source for artis-tic and literary out-pourings. Other connections exist between these two tragic occur-rences: both produced an exodus of refugees from lands falling under the control of fascism; both saw hundreds of thousands of innocent victims die in concentration camps; and both are intimately linked to resultant long-term exile or expatriation. The exten-sive and significant literature of exile produced by both events is separable only with considerable difficulty from that specifically concerning the causes of exodus, the Civil War and the Holocaust. Unity within the diversity of languages and places of origin of these writings comes from the powerful shock and passion generated by both tragedies.

Yn ôl un arall o gyfranwyr y gyfrol *The Spanish Civil War in Literature*, Abe Osheroff, y Rhyfel yn Sbaen oedd crud yr Ail Ryfel Byd, a'r llwyfan ar gyfer dulliau mwy erchyll o ryfela ac o ddifa i ddod:[2]

> The Spanish Republicans and the Internationals warned that Guernica, Barcelona, and Madrid in ruins would soon be followed by Warsaw, London, and Rotterdam. Their pro-phecy was tragically correct. In April 1939, the Nazi Condor Legion marched in Franco's victory parade. Five months later they would be in Warsaw, and World War II, begun in Spain, would engulf all of Europe. Compared to World War II, Spain was a small skir-mish. Compared to Hiroshima and Dresden, the bombing of Guernica seemed a "minor act of vandalism", but it shook the world more than any incident in World War II, not because of the power of Picasso's painting, but because Guernica was the first total destruction of an undefended civilian target by aerial bombing. Thus the bombing pre-saged a new and horrible form of modern warfare soon to come.

Os gwir yr honiad i Ryfel Cartref Sbaen a hil-laddiad yr Iddewon dan unbennaeth Hitler ysbrydoli a chynhyrchu mwy o weithiau llenyddol nag unrhyw ddigwyddiadau hanesyddol eraill yn ystod cwrs y ganrif, mae'r ddau ymateb ehangaf i argyfwng yr Ail Ryfel Byd yn ymateb cyn-Ryfel ac ôl-Ryfel. Mae'n rhaid cysylltu Rhyfel Sbaen â'r Ail Ryfel Byd i ddech-rau. Ym 1936, ar ôl cyfnod o gynyddu'n gyflym, dangosodd Ffasgiaeth ei danneddd. Gorchfyg-wyd Ethiopia gan Mussolini, a chododd y Fyddin Ffasgaidd yn erbyn Llywodraeth ddemo-crataidd newydd-etholedig Sbaen. Ochrodd Yr Almaen Natsïaidd â'r gwrthryfelwyr, Ffas-giaeth yn porthi ac yn cefnogi Ffasgiaeth, a defnyddiwyd tref fechan Guernica yng Ngwlad y Basg fel maes-ymarfer dulliau newydd, arbrofol o fomio gan y Natsïaid. 'Spanish civilians were the first Europeans to suffer the devastating consequences of dive-bombing and carpet-bombing techniques, which German pilots perfected at Durango, Guernica and at several other towns and villages,' yn ôl awduron *Spain at War*.[3] Mae'n anodd i neb heddiw ddirnad yr effaith a gafodd y weithred o fomio Guernica ar weddill y byd. Ar Ebrill 26, 1937, dilewyd y dref-farchnad ddinod hon yn llwyr gan awyrennau'r Almaenwyr a'r Eidalwyr. Er bod ynddi ffatri arfau fechan, gweithred symbolaidd oedd distrywio'r dref. Safai derwen hynafol 'Gernika' ar fryn yn ymyl canol y dref, fel symbol o benderfyniad a grym ewyllys y Basgiaid i wrthsefyll unrhyw ymdrech i'w gorchfygu gan estroniaid. Mewn un prynhawn, lladdwyd tua 1,685 – mamau, plant a hen bobl yn eu plith – gan awyrenwyr a oedd yn awyddus i ber-ffeithio dulliau newydd o ollwng bomiau. Ymarferiad yn unig oedd y cyrch, a brawychwyd y byd gan ddihidrwydd ac erchyllter y dull newydd hwn o ymosod o'r awyr.

Un o'r delweddau amlaf a grymusaf i ddeillio o'r rhyfel ar y pryd, ac i waelodi ym meddyl-iau pobl, oedd y ddelwedd o blant wedi eu lladd gan y bomio yn Guernica a mannau eraill. Disodlwyd y delweddau cynnar poblogaidd o'r rhyfel gan luniau brawychus o blant marw. 'Harrowing pictures of children mutilated by bullets and bombs, and stern messages that dwelled on the dangers of rearguard traitors, increasingly displaced the mostly positive and affirming images associated with the initial stages of the revolution and war,' meddai cyd-awduron *Spain at War*.[4] Yn y casgliad hwn, mae T. E. Nicholas yn sôn am 'Y plant bach dela'/ Yn cael eu hela,/A suddo'n ddienw mewn gwaed a llacs'. Cyflwynodd George Barker ei 'Elegy on Spain' fel hyn: 'Dedication to the photograph of a child killed in an air raid on Barcelona', gan alaru'n rymus:

> O ecstatic is this head of five-year old joy –
> Captured its butterfly rapture on a paper:
> And not the rupture of the right eye may
> Make any less this prettier than a picture.
> O now, my minor moon, dead as meat
> Slapped on a negative plate, I hold
> The crime of the bloody time in my hand.

Mae cerdd Herbert Read, 'Bombing Casualties in Spain', ar ôl gweld rhes o gelanedd plant yn Sbaen ar ôl cyrch-awyr, yr un mor rymus:

> Dolls' faces are rosier but these were children
> their eyes not glass but gleaming gristle
> dark lenses in whose quicksilvery glances
> the sunlight quivered. These blench'd lips

were warm once and bright with blood
but blood
held in a moist bleb of flesh
not spilt and spatter'd in tousled hair.

In these shadowy tresses
red petals did not always
thus clot and blacken to a scar.
These are dead faces.
Wasps' nests are not so wanly waxen
wood embers not so greyly ashen.

They are laid out in ranks
like paper lanterns that have fallen
after a night of riot
extinct in the dry morning air.

Mae'n wir mai trwy gampwaith Picasso y cadwyd y cof am ddinistrio Guernica yn fyw yn bennaf, ond nid yn gyfan gwbwl. Mae'r cof am Guernica yn fyw o hyd yn yr ymwybyddiaeth fodern, ac ymhlith y beirdd diweddar o Gymru sydd wedi cadw'r cof yn fyw y mae Bernard Evans, yn ei gerdd 'Minotawros', Emrys Roberts yn 'Guernica' a Donald Evans yn ei gyfres o gerddi i Guernica.

Rhoddodd Mussolini gefnogaeth filwrol i'r Cenedlaetholwyr yn Sbaen ymhell cyn i'r Rhyfel Cartref ddechrau. Gobeithiai gryfhau presenoldeb milwrol a gwleidyddol Yr Eidal yn y Môr Canoldir drwy ochri â'r Fyddin wrthryfelgar yn Sbaen. Ymunodd Hitler â'r Cenedlaetholwyr er mwyn cryfhau gafael y mudiad Ffasgaidd ar wledydd Ewrop, a chael gwared â bwgan Comiwnyddiaeth ar yr un pryd. Yn filwrol ac yn wleidyddol, pwysigrwydd Sbaen yn ystod blynyddoedd y Rhyfel Cartref oedd iddi weithredu fel rhyw fath o bencadlys Ewropeaidd. Yn y pencadlys hwn y dechreuwyd ffurfio cynlluniau ac ymarfer strategau ar gyfer y Rhyfel a oedd i ddod. Ffasgiaeth oedd y plentyn, Sbaen oedd ei grud, ac yn y crud hwnnw y magwyd y plentyn hyd nes iddo geisio meddiannu'r byd.

Yn llenyddol, 'roedd i Sbaen arwyddocâd amgenach. Os oedd y militarwyr Ewropeaidd o blaid y gwrthryfelwyr, 'roedd y llenorion, yn bennaf, o blaid y Llywodraeth Ryddfrydol. Ochrai'r beirdd a'r nofelwyr â'r gweriniaethwyr, y Comiwnyddion a'r Anarchwyr, gyda rhai eithriadau prin. Os oedd y Rhyfel yn Sbaen yn gyfle i Mussolini a Hitler ymarfer technegau rhyfel a darparu ar gyfer gorchfygu Ewrop, 'roedd yn gyfle i feirdd y tridegau weithredu delfrydau. Ffasgiaeth oedd gelyn pennaf yr artist creadigol. Gwrthwynebai'r mudiad bopeth a oedd yn hanfodol i lenyddiaeth: rhyddid mynegiant, hawl i arddel egwyddorion a safbwyntiau arbennig ac i goledd unigolyddiaeth; cynrychiolai Ffasgiaeth, ar y llaw arall, sensoriaeth mynegiant, ufudd-dod llwyr i ideolegau mudiad, hiliaeth ac unffurfiaeth. Pan lofruddiwyd bardd mor ddisglair â Lorca gan y Ffasgwyr ychydig wythnosau ar ôl i'r militarwyr godi mewn gwrthryfel yn erbyn Gweriniaeth Sbaen, a hwnnw'n fardd amhleidiol-wleidyddol at hynny, cadarnhawyd amheuon dyfnaf y llenorion a'r deallusion. Os nad oedd celfyddyd yn ddefnyddiol i'r wladwriaeth neu'r mudiad, os nad oedd yn arddel, yn gogoneddu ac yn lledaenu egwyddorion a delfrydau Ffasgaidd, 'doedd dim diben iddi o gwbwl, nac i'r sawl a'i lluniai.

Yn wyneb cyndynrwydd Llywodraeth Prydain i ymyrryd yn Rhyfel Cartref Sbaen, a brwydro o blaid democratiaeth yn erbyn totalitariaeth, 'roedd y gwirfoddolwyr cyntaf o Brydain wedi cyrraedd Sbaen cyn i hydref 1936 ddod i ben. Ymunodd y rhan fwyaf o'r gwirfoddolwyr hyn â'r Fataliwn Brydeinig o'r Frigâd Ryngwladol, yr oedd y mwyafrif o'i haelodau yn Gomiwnyddion. Llenorion oedd tua dau ddwsin o'r 400 cyntaf i wirfoddoli, a hanner y rheini yn feirdd. 'Roedd cymhlethdod gwleidyddol y tridegau wedi peri i lawer o feirdd y cyfnod feddwl yn wleidyddol, a mabwysiadu agwedd wleidyddol. 'Roedd y frwydr yn erbyn Ffasgiaeth yn frwydr lenyddol yn ogystal â bod yn sgarmes wleidyddol. 'For some authors,' meddai Stanley Weintraub, 'writing was an insufficient commitment to the fight against Fascism: the final test was action – to expose the body to danger and discomfort and to offer it, if necessary, in sacrifice. Only then would the ideals about which one wrote be put to the ultimate test of sincerity'.[5] Pryderai W. H. Auden y byddai Ffasgiaeth, pe caniateid iddi ennill goruchafiaeth drwy Ewrop, yn creu 'an atmosphere in which the creative artist and all who care for justice, liberty and culture would find it impossible to work or even exist'.[6] Yn ôl Cyril Connolly, un arall o lenorion y cyfnod, byddai'n amhosibl:[8]

> ... to remain an intellectual and admire Fascism, for that is to admire the intellect's destruction, nor can one remain careless and indifferent. To ignore the present is to condone the future.

Hudwyd rhai o ddeallusion disgleiriaf Lloegr i'r ffracas yn Sbaen, a bu farw rhai ohonyn nhw yn y Rhyfel, wrth geisio amddiffyn eu delfryd. Yr amlycaf o'r lladdedigion hyn oedd John Cornford, y bardd a'r Comiwnydd ifanc, myfyriwr disglair yng Nghaergrawnt o gefndir digon amhroletaraidd. Aeth â'i ddelfrydau a'i angau gydag ef i Sbaen, ac fe'i dilynwyd gan eraill. Bu farw Cornford yn Lopera, wrth ymosod ar un o safleoedd y gelyn ar gyrion Madrid. Yn yr un ymladdfa y lladdwyd y nofelydd Ralph Fox. Eraill a laddwyd yn Rhyfel Cartref Sbaen oedd Christopher Caudwell, nofelydd, bardd a beirniad Marcsaidd o bwys; y bardd ifanc o Iwerddon, Charles Donnelly, a Julian Bell, nai Virginia Wolf, a fu'n gyrru ambiwlans ar ochr y Gweriniaethwyr. Bu eraill yn Sbaen yn cymryd rhan anweithredol yn y Rhyfel ar ochr y Gweriniaethwyr, fel Stephen Spender, W. H. Auden, Octavio Paz, César Vallejo, Pablo Neruda, Ernest Hemingway, Herbert Read, David Gascoyne a Langston Hughes. Ochrai'r rhan fwyaf helaeth o feirdd a llenorion y tridegau â'r achos gweriniaethol, ond cefnogai llond dwrn achos y Cenedlaetholwyr, fel y beirdd Roy Campbell ac Ezra Pound, Paul Claudel o Ffrainc a'r nofelydd Evelyn Waugh. 'Roedd Sbaen wedi rhoi thema fawr i feirdd y cyfnod, ac nid thema yn unig, ond achos i ymladd o'i blaid yn ogystal. Collodd nifer o feirdd ifainc disglair eu bywydau wrth geisio gweithredu eu delfrydau yn Rhyfel Sbaen.

Cynhyrchodd Rhyfel Cartref Sbaen doreth o gerddi, yn Saesneg a Sbaeneg yn bennaf, ond mewn nifer o ieithoedd eraill yn ogystal. Yn ôl Osheroff eto:[8]

> Poetry was everywhere. It became part of the climate in which the war was fought.

Even the Franco side used this weapon, and a few of their poets stood out, Gerardo Diego, for example. Poets wrote also in Spain's other languages, Basque, Galician, and above all, Catalan. The total quantity of published poetry was indeed astounding: fifteen to twenty thousand compositions by thousands of different authors. Three quarters of these originated in the Republican zone.

Yn ôl awdurdod arall, cyhoeddwyd tua 8,500 o gerddi gan y wasg weriniaethol yn Sbaen yn unig yn ystod tair blynedd y rhyfel.[9] Er i nifer o Gymry frwydro ar ochr y Weriniaeth rhwng 1936 a 1939, ychydig iawn o ymateb a gafwyd gan feirdd Cymru i argyfwng arwyddocaol Sbaen, ac mae'r flodeugerdd hon yn agor â rhai o'r llond dwrn o gerddi sydd ar gael i Ryfel Cartref Sbaen.

Cyn trafod y cerddi ôl-ryfel, ac arwyddocâd y gwersylloedd-diddymu ar y meddylfryd modern, rhaid troi at y cerddi a gynhyrchwyd yn ystod cyfnod y Rhyfel, yr ymateb ar y pryd i argyfwng enfawr ar y pryd. Pan gyhoeddwyd chwaer-gyfrol y flodeugerdd hon, *Gwaedd y Bechgyn*, synnwyd llawer o bobl gan y ffaith fod cynifer o gerddi wedi eu llunio fel ymateb i argyfwng y Rhyfel Mawr, yn enwedig o gofio fod y ddau gant a rhagor o gerddi a gynhwyswyd yn y gyfrol honno wedi eu dewis a'u dethol o blith cannoedd (yn union fel yn achos y flodeugerdd hon). Mae'n debyg y bydd ymateb tebyg i'r gyfrol hon. Syndod i'r gwrthwyneb sydd gan y cyd-olygydd hwn ar y gyfrol: synnu cyn lleied o ymateb a oedd wedi bod i argyfwng mor fawr, argyfwng a oedd yn cyffwrdd â phawb yn feunyddiol ar y pryd. Wrth durio drwy gannoedd o lyfrau, a thrwy gyfnodolion a phapurau, y nodyn telynegol melys oedd y cywair amlycaf o hyd, yn y cerddi rhydd, o leiaf, a'r cerddi caeth yn ymwneud â phynciau pur ystrydebol a dibwys. 'Roedd beirdd Cymru ar y pryd yn byw drwy un o'r argyfyngau mwyaf yn hanes dynoliaeth, ond dim ond rhyw lond dwrn a sylweddolai hynny. At ei gilydd, 'roedd beirdd Cymru yn nes at Afallon nag Armagedon.

Ni ellir cyfyngu unrhyw gasgliad o gerddi sy'n ymwneud â rhyfeloedd byd-eang i ganu'r milwyr a gymerodd ran uniongyrchol yn y brwydro yn unig. Mae digonedd o gerddi gan fil-wyr a chanddyn nhw brofiad diriaethol ac uniongyrchol o ymladd i'w cael yn Saesneg, ac mewn ieithoedd eraill, ond cymharol brin ydyn nhw yn y Gymraeg. Y diffyg rhifedi yn siarad-wyr yr iaith sy'n gyfrifol am hynny, wrth reswm. Mae o leiaf bedwar math o feirdd-filwyr i'w cael. Y math amlwg cyntaf yw'r bardd cynhenid ddawnus a chanddo afael gadarn ar iaith ac ar dechnegau barddonol, ond creadur eithriadol o brin yn y Gymraeg yw bardd-filwr o'r radd flaenaf. Alun Llywelyn-Williams yw'r eithriad yn y Gymraeg, enghraifft perffaith o fardd galluog a chaboledig a oedd hefyd wedi cael profiad uniongyrchol o'r erchyllterau ar faes y gad. Ef yw bardd Cymraeg mwyaf yr Ail Ryfel Byd. Y tu ôl iddo y mae Elwyn Evans ac R. Meirion Roberts, dau fardd medrus a dreuliodd gyfnodau yn y Dwyrain Canol yn ystod blynyddoedd y Rhyfel, y naill yn filwr a'r llall yn gaplan yn y Fyddin.

Mae unrhyw gorff o ganu sy'n crisialu ymateb i ddigwyddiad neu sefyllfa hanesyddol yn sicr o fod yn amrywio'n fawr o ran ansawdd y farddoniaeth. Mae rhesymau pendant am hynny. Gwŷr ifainc oedd y milwyr hyn, ac os oedd darpar-feirdd neu egin-feirdd yn eu plith, 'doedd y rheini ddim wedi meistroli eu cyfrwng yn ddigon llawn i allu rhoi mynegiant celf-ydd a boddhaol i brofiadau dirdynnol-ddwfn, fel pe bai rhywun yn ceisio perfformio darn o gerddoriaeth gerddorfaol ar organ geg. Dyna'r ail fath o fardd-filwr: y bardd ifanc anghyflawn ac anaeddfed ei grefft. 'Roedd y profiadau dieithr ac ingol hyn hefyd yn ysgogi rhai nad oedden nhw yn feirdd o gwbwl, heb na dawn nac arfogaeth bardd, i geisio rhoi mynegiant o ryw fath i'w gwewyr. Mae enghreifftiau ar gael ym mhob iaith o farddoniaeth a luniwyd yn ystod y Rhyfel gan rai na chafwyd yr un gerdd ganddyn nhw na chynt na chwedyn. Dyma'r beirdd dros-dro sy'n ceisio rhoi ffurf i'w profiad mewn cyfnod o argyfwng. Yn olaf, cafwyd cerddi gan rai a oedd yn llenorion creadigol wrth reddf a phrofiad, ond nad barddoniaeth oedd eu priod gyfrwng.

Enghraifft o'r ail fath o fardd yw Llewelyn Lewis (1919-1941), y gŵr ifanc o ardal Tal-y-bont, Dyffryn Ardudwy, a fu farw mewn gwersyll carcharorion yng Ngwlad Pwyl, ar Fedi 28, 1941. Barddoni a darllen barddoniaeth oedd ei ddiddordebau mawr, ac ymddiddorai hefyd yn y ddrama. Yn sicr, 'roedd greddf y gŵr creadigol yn gryf ynddo, ond bu farw yn ddwy ar hugain oed, cyn gallu aeddfedu fel bardd na chyflawni dim o bwys. Mae'r englynion sy'n ceisio crisialu a mynegi ei brofiadau fel carcharor rhyfel yn ddiffygiol o ran crefft, ond mae'r profiad yn ddilys. O ystyried iddo farw mor ifanc, 'roedd deunydd bardd rhagorol ynddo, fel y prawf y detholiad hwn o'i gywydd 'Rhyfel', a luniwyd ganddo pan oedd yn garcharor rhyfel:[10]

Onid tost yw profiad dyn –
Syched, niwed a newyn?
Ymhob tref sawl cartref cu
Losgwyd, welwyd yn chwalu?
I ddyn lle bu diddanwch
Daeth yn awr i'r llawr yn llwch.
Gweld lleng, gweld cyfaill ddengwaith
A'i boen dost, ar ben ei daith.

Ai rhyw ffawd, paham mor ffôl
Yw agwedd byd Cristnogol?
P'le mae had y cariad cu
Dalwyd i'n gwneud yn deulu?
P'le mae'r hawddgar frawdgarwch
A ddwg gawr i'r llawr a'r llwch?
A gilia, a huna'r hedd,
Melys, nwyfus dangnefedd?

Daw fe ddaw yr hyfryd ddydd.
'Rôl hyn bydd gwir lawenydd.
Eto i'n tir, tiwnir tant
Y melys nwyfus nwyfiant.
Fe gwyd arswyd o'r orsedd,
A theyrnasa'r hawddgar hedd.
Yn lle gofid, rhyddid rhad
Ac aur goron gwir gariad.

Enghraifft o'r trydydd math o fardd rhyfel oedd James Ellis, yr awyrennwr. Lluniodd nifer o gerddi wedi eu seilio ar ei brofiadau yn ystod yr Ail Ryfel Byd, ac wedyn diflannu'n ôl i'w fudandod. Fel enghraifft o'r pedwerydd math o fardd, dewiswn Selyf Roberts, a luniodd nifer o gerddi yn ystod ei gyfnod fel milwr yn yr Ail Ryfel Byd, ond troi wedyn at ryddiaith, y nofel yn enwedig, fel cyfrwng.

'Does dim modd cyfyngu'r canu rhyfel i filwyr yn unig ychwaith. Mae tystiolaeth sifiliaid yr un mor ddilys â thystiolaeth y milwyr. Os oedd y beirdd-filwyr yn profi un math ar ryfel, 'roedd y bobl gyffredin yn profi agweddau eraill ar y rhyfel: y bomio ar ganolfannau allweddol, y dogni bwyd, y pryder, yr hiraeth a'r galar. Fel y dywedodd Brian Gardner yn ei gyflwyniad i *The Terrible Rain*: 'It was total war: many a civilian – including the young – had a greater experience of the tensions, horrors, and disciplines of 'battle' than the majority of servicemen,' gan gyfeirio'n bennaf at gerddi yn ymwneud â'r *Blitz*, fel ag a geir yn y casgliad hwn.[11] Thema 'Baled y Drychiolaethau' Alun Llywelyn-Williams oedd y rhyfel cyflawn hwn, y modd yr oedd y Rhyfel yn amharu ar bawb, ac yn brofiad i bawb yn ddi-wahân. Yn y gerdd honno, mae milwr yn cerdded i mewn i gaffe i chwilio am anghofrwydd mewn meddwdod ac yn harddwch corfforol y ferch sy'n gweini yno. Mae'n adrodd ei brofiad wrthi:

> Mi welais ddarnio bachgen glân;
> o'r byw, lle bu, ni chaed
> dim ond malurion cnawd ar dân
> gan ffrydiau'r ffynnon waed.

Mae'r ferch yn cyfnewid ei phrofiadau â'r milwr:

> Mi welais innau ddifa llanc,
> a'm gŵr fy hunan oedd;
> daethant liw nos i dreisio'i dranc
> a'i gwympo yn fy ngŵydd.

Sylweddola'r milwr fod pawb wedi'i gaethiwo ym magl y Rhyfel, a bod dioddefaint yn clymu pob aelod o gymdeithas, ac o'r ddynoliaeth gyfan – milwr a sifiliad – ynghyd:

> Tithau hefyd, weddw'r stryd?
> Cymrodyr ŷm mewn poen.
> Dyma gyfrinach drista'r byd;
> a'i rhannu hi yw'n hoen.

Mae rhai themâu yn dod i'r amlwg wrth graffu ar farddoniaeth yr Ail Ryfel Byd fel corff o ganu. Un thema gyson yng ngwaith y beirdd oedd parhad natur yng nghanol trafferthion a helyntion dynion, ei difaterwch a'i thragwyddoldeb yng nghanol blerwch a chreulondeb. Meddai W. H. Reese yn 'Hydref 1939':

> Syrth y dail yn gawod winau,
> daw'r hydref noeth i'w oed –

ni all na therfysgoedd daear
na chynllwynion dynion arafu tro'r tymhorau.

Yr un yw byrdwn cwpled clo 'Ar Brynhawn o Haf 1942' gan E. Prosser Rhys:

Ond beth os yw Rhyfel ar gerdded chwim?
Ni ddryswyd hen bendil y Cread ddim.

Mae'r thema hon, mewn gwirionedd, i'w chysylltu â'r thema a drafodir isod. Chwiliai'r beirdd am fymryn o ystyr, sefydlogrwydd a threfn mewn byd a oedd yn prysur golli pob ystyr a chydbwysedd. Thema gysurlon ydoedd, a glynu wrth y pethau cyfarwydd yn lliniaru rhywfaint ar yr ymdeimlad o ansefydlogrwydd a gwallgofrwydd, 'mynd fel rhai dan hud i'r clos a'r cae/Lle y clyw ein dwylo gysur hen bethau siŵr/Yn y glaw fis Awst', chwedl Saunders Lewis yn 'Haf Bach Mihangel 1941'. Yn y gerdd honno, glyna'r bardd wrth sefydlogrwydd yr hen drefn yng nghanol yr anhrefn newydd, gan brofi ennyd o wynfyd yng nghanol uffern:

Llwythwyd y gambo yn y caeau llafur,
Ac yn y berllan, rhwng afalau gwyrdd,
Pefriai diferion gwlith ar y gwawn llonydd;
Cododd Mihangel inni fryn iachâd,
Llannerch o des a balm yn niwedd Medi,
Cyn y gaeaf, cyn y prawf, cyn chwyrnellu'r nos ...

Wrth orwedd mewn ysbyty yn Leuven, Gwlad Belg, ceisiodd Alun Llywelyn-Williams gysur a balm drwy ailgymuno â natur yn ei feddwl:

Gwelais, do, myfi yn unig,
megis cyn gosod arnaf yr alltudiaeth lwyd,
yr haul ar ystlys hir Cefn Llwch
a chwarae'r gwynt ym mrigau'r gwelltglas,
mân law nos Sadwrn ar heolydd du
pentrefi'r glo,
a blodau'r gwanwyn ar goed Pen-y-dre.

Thema amlwg arall yw gwallgofrwydd, anhrefn neu argyfwng mewn byd digyfeiriad. Dyma thema gyson yng ngwaith beirdd Lloegr yn y cyfnod, thema a gysylltir yn arbennig â gwaith Beirdd yr Apocalyps Newydd, dan arweiniad Henry Treece yn bennaf. Ceir yng ngherddi'r beirdd hyn ddelweddau yn ymwneud â gwallgofrwydd, llofruddiaeth a hunanladdiad, ag anhrefn a dinistr. Yn ôl Henry Treece:[12]

... in 1939 the present war had all the terror and the inevitability of cancer; the nightmare had to proceed, however much the patient screamed, protested his innocence, his frightened inability to bear the pain.

Mewn gwirionedd, thema a etifeddwyd o'r tridegau oedd y thema hon. Gyda Ffasgiaeth ar gynnydd, a'r ddwy ochr fel ei gilydd yn cyflawni erchyllterau yn Rhyfel Sbaen, daethpwyd i synio am y cyfnod a arweiniai at y Rhyfel, yn ogystal â chyfnod y Rhyfel ei hun, fel cyfnod pan oedd gwareiddiad yn ymddatod a barbareiddiwch yn bygwth disodli pob trefn a sefydlogrwydd. Yn ôl Valentine Cunningham:[13]

> With a deference to Marxist expectations much kinder than history often manifests, the 1930s were marked by a pronounced series of crises and more-than-marketable rumours of crisis. It was 'this hour of crisis and dismay', as Auden described his times to Christopher Isherwood in his poem 'To a Writer on His Birthday' (1935). At home there was deep economic trouble and political uncertainty, abroad there was political opportunism and territorial aggression by the Fascist forces of Japan, Italy and Germany. The period began and ended in crisis.

Yn Saesneg, cafwyd nifer o gerddi yn ymwneud â gwallgofrwydd. Enghraifft o'r thema hon yn y Gymraeg yw 'Ar Drothwy Rhyfel' gan Alun Llywelyn-Williams, a oedd yn gyfarwydd iawn â'r tueddiadau diweddaraf mewn barddoniaeth Saesneg ar y pryd. Yn y gerdd cawn gyfeiriad at

> hanes gŵr a ladrataodd gŷn,
> sydd wedi dianc o'i wallgofdy clyd
> i naddu englyn ar ei fedd ei hun.

Mynegodd Saunders Lewis yn 'Y Dilyw 1939' yr afreswm a oedd wedi meddiannu dynion:

> Cwympo a threisio campwaith rheswm
> A'n delw ddihafal, dyn dihualau;
> Crefydd ysblennydd meistri'r blaned,
> Ffydd dyn mewn dyn, diffoddwyd hynny ...

ac 'roedd dynion yn ôl T. E. Nicholas yn 'Deganau i wallgofiaid, llid a ffawd'.

Bardd mawr yr Ail Ryfel Byd yw Alun Llywelyn-Williams a thema fawr ei gerddi rhyfel yw'r frwydr rhwng gwareidd-dra a chieidd-dra, rhwng gallu creadigol dyn a gallu dyn i ddinistrio, rhwng celfyddyd a distryw, rhwng creu a dileu. 'Roedd rhyfel yn diddymu'r elfen greadigol mewn dyn wrth iddo amlygu ei natur ddinistriol. Meddai yn 'Chwilio'r Tir', er enghraifft:

> Y gerdd a fu, nis cenir mwy, byth mwy,
> uwch crud y baban ac ym miri'r llanc;
> fe'i boddwyd gan ffinale'r gytgan ddur,
> cyrch gethin yr awyren, rhuthr y tanc.

Yn 'Rhyngom a Ffrainc', mae'n cyfuno dwy thema amlwg yn ei waith, sef y dyhead i ailgymuno â byd callach, mwy gwâr a threfnus, ailbrofi trefn a hyfrydwch natur, ar y naill law, ac ar y llaw arall yr awydd i ddychwelyd i fyd y celfyddydau, byd creadigolrwydd dyn, o ganol tranc a dinistr:

> Ym Mhen-y-dre, ers talm,
> mae'r llyfrau'n fud esgeulus ar y silff,
> a theirgwaith y blagurodd blodau'r ceirios:
> tri gwanwyn gwyrdd a fu yng ngerddi'r Fro,
> a byth ni thraethir eu cyfrinach mwy.

Cerdd fwyaf Alun Llywelyn-Williams o'i gyfnod fel milwr yw 'Ar Ymweliad', ac yn hon ceir gwrthdaro amlwg rhwng gallu dyn i greu a gallu dyn i ddileu. Ynddi, mae swyddog o filwr yn chwilio am loches rhag storm o eira ac yn dod at dŷ clwyfus, tŷ a berthynai i bendefigion, a chael y Barwn ei hun yn agor y drws iddo. Mae perchennog y tŷ yn arwain y milwr at ystafell lle mae gwraig y tŷ yn eistedd o flaen tanllwyth o dân. Synhwyra'r milwr fod y tŷ yn llawn o dristwch, ac mae'r bardd celfydd Alun Llywelyn-Williams yn creu awyrgylch o ing ac o aberth cyn darganfod cyfrinach y tŷ:

> 'Rwy'n cofio bod delw'r Crist
> ar y mur yn crogi trwy'r tawelwch:
> yng ngolau'r fflam lamsachus, tywynnai, gwelwai'r pren
> fel pe bai'r gwaed yn hercian o'r galon ysbeidiol, drist.

Wedyn, fe ddadlennir cyfrinach y tŷ yn raddol:

> Ac yna gwelais y piano pert, a'r llyfrau'n drwch
>
> blith-draphlith ar ei do. Yn biwis, chwiliais eu chwaeth;
> a gwenu, 'Rhamantydd ydych, Madam, mi wela' i'n awr;
> Liszt – a Chopin: rhwng Ffrainc a Phwyl bu llawer
> cynghrair, mi wn: ni pherthyn i fiwsig ffiniau caeth
> dadrith ein daear ni.' A gwelais y dagrau mawr
> yn ei llygaid hi'n cronni, fel llenwi llyn â sêr.

Cyfrinach y ddau oedd iddyn nhw golli eu mab yn y Rhyfel. Eiddo'r cerddor mud oedd y piano a'r llyfrau. Meddai gŵr y tŷ:

> 'Fy nghyfaill, maddeuwch i ni
> ein moes ansyber; galarwyr ydym
> am na ddaw'r cerddor mwy, byth mwy yn ôl tua thref;
> ni fynnem rannu'n poen â neb.'

Yna, y mae'r gŵr yn dechrau canu'r piano:

> Am ennyd, eisteddodd yno, ar wylaidd weddi
> cyn cyrchu'r gerdd: yna llifodd y miwsig graslon

o'i law, yn breliwd a dawns a chân mor chwerw brudd,
mor llawen ddiofal a mwyn a llawn tosturi
nes suo'r sain yn gymundeb lle rhodiai angylion
gan freinio'n briw a gosod ein horiau caeth yn rhydd.

Yn y gerdd mae celfyddyd yn meddu ar rym meddyginiaethol, adferol, yn meddu ar rym iach-aol sy'n drech na dinistr rhyfel. Yma y mae miwsig yn trechu galluoedd tywyll a dinistriol dyn. Rhwng y ddau eithaf hyn, dawn greadigol dyn a dawn ddifaol dyn, y lluniodd Alun Llywelyn-Williams y rhan fwyaf o'i gerddi rhyfel.

Thema arall ganddo yw poen cyfanfydol, gwewyr unigolyn yn wewyr i'r ddynoliaeth oll. 'Cymrodyr ŷm mewn poen', meddai yn 'Baled y Drychiolaethau', 'a'i rhannu hi yw'n hoen'; yn 'Ar Ymweliad', mae'r rhieni galarus yn ceisio cadw'u poen iddyn nhw eu hunain – 'ni fynnem rannu'n poen â neb', ond maen nhw'n gorfod ei rannu, a thrwy i'r tri ohonyn nhw gyfranogi o'r hiraeth a'r galar, mae'r boen a'r hiraeth yn llai. Sylwedydd cudd ydyw yn ei gerddi rhyfel, yn gwylio dioddefaint eraill o'r dirgel, fel yn y tair cerdd dan y pennawd 'Ym Merlin – Awst 1945', lle mae'n gwylio Inge yn penlinio 'a chusanu'r pridd'. Nid yn unig y mae pob un o'i gyfoeswyr yn gymrodyr mewn poen yn ei olwg, ond hefyd mae pobl ddioddefus yr oesoedd yn un â'r rhai a fu'n dioddef cyni a phoen yn ystod blynyddoedd yr Ail Ryfel Byd. Oherwydd hynny, mae Inge, cymeriad canolog y cerddi hyn, yn un â Heledd ddioddefus enwog yr englynion saga:

Heledd ac Inge, pan fo'r ffaglau'n goch –
Inge, neu Heledd, sut? ein twyllo mae'r blynyddoedd –
wele'n cyfarfod, ar ryw gyd-blethiad o'r edafedd chwyrn,
y pell siwrneiwyr ar ddamwain dan y cloc.

Mae'r Inge hon yn cynrychioli holl wragedd dioddefus y Rhyfel, y merched a'r gwragedd a wnaed yn weddw, a dreisiwyd, a amhurwyd ac a amharchwyd, y rhai a gollodd fab neu feibion, a'r merched a fu'n puteinio er mwyn cael bwyd, er mwyn goroesi. Inge yw'r ferch yn y caffe yn 'Baled y Drychiolaethau', a'r hen wraig yn 'Ar Ymweliad'. Hi hefyd yw pob gwraig drwy'r oesoedd a brofodd ddioddefaint, sarhad, newyn a chyni dan orthrymderau.

Milwr unig oedd Alun Llywelyn-Williams yn ei gerddi, symudwr anweledig ymhlith dyn-ion, rhith ar wahân a dramwyai ymysg anffodusion y Rhyfel, gan gofnodi eu poen. Mae'n cerdded i mewn i'r 'caffe olaf ar ddi-hun' ar ei ben ei hun yn 'Baled y Drychiolaethau'; mae'n ymweld â'r hen blasty ar ei ben ei hun yn 'Ar Ymweliad'. Mae'n gadael y lleoedd hyn wedyn yn gyfrannog ac yn llwythog o brofiadau a gwewyr eraill. Mae'r unigolyn yn troi'n gymdei-thas ac yn bobl bob tro. Bardd unigrwydd rhyfel ydoedd. Mae Elwyn Evans ac R. Meirion Roberts yn wahanol. Bardd cwmnïaeth milwyr yw Elwyn Evans, a chanddo ef, yn anad neb, y ceir y darluniau gorau o fywyd y milwyr, eu cyfeillgarwch a'u cyd-ymwneud â'i gilydd. Er enghraifft, yn 'Porthladd Aden' sonia am y bechgyn yn

Adrodd storïau, chwarae'r organ geg,
Rhoi i bob brawddeg wyry ei phriod reg.

Gydag onestrwydd nad yw'n nodweddiadol o lenyddiaeth Gymraeg, mae Elwyn Evans yn traethu am wrywgydiaeth ymhlith y milwyr yn eu hunigrwydd a'u misoedd helaeth o fod ar wahân i'w gwragedd a'u cariadon yn ei gerdd hir 'O'r Dwyrain':[14]

> Ond gwn fod chwant yn brigo a blodeuo
> Mewn ugeiniau o welyau gyda'r nos –
> Gwelyau gwŷr mewn gwlad tu hwnt i gariad gwragedd –
> A phob gŵr wedi ei faglu'n dynn
> Yng ngheinciau disglair, diffrwyth
> Ei ddychymyg dyrys ei hun rhwng cwsg ac effro.
>
> Yn fy aflendid daliwn afael
> Ar bob rhyw lendid prin, a nesu yn fy mhydredd
> At bawb a oedd yn iach.
> Cofiaf amdano
> A welais gyntaf yn sefyll yn nrws fy mhabell
> A'r haul yn taro ar wenith ei wallt
> Ac yn taflu disgleirdeb o gwmpas ei ben.
> Cu iawn fu ef gennym ni,
> Y milwr wrth ei broffes,
> A'i wedd a'i swagro ifanc a'i garedigrwydd
> Yn achosi rhyw nerth a chysur.

Bardd y milwyr byw, a gyd-ddioddefai â'i gilydd, a chyd-ddifyrru ei gilydd, oedd Elwyn Evans; bardd meirwon y Rhyfel oedd R. Meirion Roberts, bardd a deimlai i'r byw o weld cyfeillion yn cwympo ac yn llonyddu. Ac yntau'n gaplan, bu'n gyfrifol am gladdedigaethau di-rif yn ystod ei flynyddoedd yn y Fyddin. Cysurai'r byw, a galarai am y meirw. Ceir darlun hyfryd a thangnefeddus ganddo ohono'n gweini'r cymun i'r milwyr:

> Nes dyfod i'r ddieithraf fro
> 　Lle clywir trwst y tanciau chwith,
> Minnau lefaraf yma dro
> 　Eiriau tangnefedd yn eu plith.
>
> Bob seithfed dydd pan ddelo'r awr
> 　Heidiant oddi wrth beiriannau'r gwaed,
> A'u cael o fewn y babell fawr
> 　Yn bwrw eu hiraeth wrth Ei draed.
>
> Wele, mae'r lliain gwyn ar daen
> 　A'r gwin a'r bara ar hen gist,
> A'r rhengoedd unwedd sydd o'm blaen
> 　Yn bwyta ac yfed dawn y Crist.

Ond y difa ar fywydau ifainc a boenai R. Meirion Roberts. Dro ar ôl tro dôi delweddau a dar-luniau o'r meirwon a gladdwyd ganddo i aflonyddu ar ei feddwl; er enghraifft, yn 'Dwy Ŵyl':

> Ychydig cyn yr ŵyl yn Alamein
> Cuddiais i amrannau deillion
> Diymadferth fy nghyfeillion ...

Mae'r terfynoldeb dychrynllyd hwn yn thema amlwg mewn sawl cerdd ganddo, 'El Alamein 1946', er enghraifft:

> Bedair blwydd 'rôl gwyro i'w gysgu
> Diystwyrian mewn distawrwydd
> Llwch fy nghyfaill fu'n cymysgu
> Â gronynnau'r tir lle tariodd ...

> Cenwch gân, clywch eiriau'r padre:
> Tanbaid a fu'r llygaid llwgr,
> Dyna ddeudroed na ddaw adre'
> Hyd i'r lle yn Neheudir Lloegr.

Ac eto, yn 'Ymladd Gorffennaf 1942: Er Cof':

> O! gyd-gymdeithas fud! O! lendid oer.
> O! egni byw mor llonydd dan y lloer.

Ac yn 'Y Diffeithwch':

> Mae clust – ond nid yw'n clywed,
>   Llygad – ond ni wêl mwy,
> Mae tafod – ond ni ddywed
>   Ddim byth amdanynt hwy.

Mewn gwirionedd, mae cerddi R. Meirion Roberts am feirwon llonydd yr Ail Ryfel Byd yn cyfateb i englynion R. Williams Parry am filwyr mud y Rhyfel Mawr.

Agwedd arall bwysig ar gerddi cyfnod y Rhyfel yw heddychiaeth. Dyma un o brif themâu'r cerddi gan sifiliaid. Ceid dadleuon taer ynghylch heddychiaeth yn rhifynnau blyn-yddoedd y Rhyfel o'r papurau a'r cyfnodolion. Pwnc cymhleth iawn oedd hwn. 'Roedd dau fath o heddychiaeth yn bosibl, sef 'Heddychiaeth Bur', gwrthwynebu rhyfel a gwrthod cymryd unrhyw ran weithredol mewn rhyfel, 'waeth beth oedd yr amgylchiadau, a 'Heddychiaeth Filwrus', sef bod yn barod i ymladd yn erbyn grym dieflig a oedd yn bygwth disodli gwarineb er mwyn gwarchod heddwch y byd yn y dyfodol. Pan elwais J. Dyfnallt Owen yn 'hedd-ychwr o ran argyhoeddiad ac yn Gristion o ran credo', er ei fod o'r farn mai rhyfel cyfiawn oedd y Rhyfel Mawr, i raddau, ac er iddo edmygu gwroldeb y Ffrancwyr a pharodrwydd y

Cymry i ymladd, mynnodd Meredydd Evans na allai Dyfnallt fod yn heddychwr, gan fod heddychwr yn llwyr yn erbyn rhyfel, ac yn llwyr amharod i fod ag unrhyw ran mewn rhyfel, dim ots beth oedd y rhesymau am y rhyfel hwnnw. 'Roedd datganiad o'r fath yn ceisio symleiddio pwnc cymhleth iawn. Atebwyd Meredydd Evans gan Selyf Roberts:[15]

> ... nid wyf yn cytuno â Meredydd Evans ar arwyddocâd y gair 'heddychwr'. Credaf fy mod yn heddychwr, ac wedi bod felly erioed, gan mai 'heddychwr' i mi yw un sy'n caru heddwch ac yn barod i weithredu er mwyn ei sicrhau. Yr oeddwn i a channoedd eraill o Gymry a ffieiddiai'r ffaith o ryfel yn credu, er hynny, y byddai caniatáu i Hitler barhau i redeg yn wyllt yn peryglu Cymru yn ogystal â gwledydd Ewrop gyfan.

Gwirfoddolodd Selyf Roberts ac Alun Llywelyn-Williams i ymuno â'r Fyddin, er mwyn bod yn rhan o'r ymdrech fawr i roi terfyn ar Ffasgiaeth Yr Almaen. Am hynny, rhaid eu hedmygu. A rhaid gofyn y cwestiwn anghyfforddus hwn: pa fath o heddychiaeth a ganiatâi i gyfundrefn mor ddieflig, mor greulon ac mor farbaraidd â Natsïaeth stwffio plant bach o Iddewon a mamau diniwed, a hen bobl, i mewn i siamberi nwyo, a gwneud dim byd am y peth?

Mae Dewi Eirug Davies wedi casglu ynghyd y dystiolaeth Gristnogol yn ystod blynyddoedd yr Ail Ryfel Byd yn ei gyfrol *Protest a Thystiolaeth*. Mae holl wewyr y cyfnod wedi'i ddal yn y gyfrol hon. Cyflwynir inni dystiolaeth y crefyddwyr, Cristnogion a gweinidigion yr Efengyl, gan archwilio cymhlethdod y patrwm. Y delfryd eithaf, wrth gwrs, oedd Heddychiaeth Bur, ond i ba raddau yr oedd hynny'n bosibl? Pryderai llawer am ddyfodol Cristnogaeth, gan lynu'n daerach fyth wrth eu heddychiaeth mewn cyfnod mor ddreng. A dyna oedd y broblem a achosai'r fath wewyr enaid ar y pryd. 'Roedd cytuno â'r Rhyfel, a chefnogi'r Rhyfel, yn gondemniad llwyr ar y ffordd Gristnogol o fyw, ac yn gwbl groes i holl egwyddorion Cristnogaeth. Gallai agwedd o'r fath, sef arddel rhyfel, a chefnogi a chyfiawnhau'r Rhyfel (fel ag y gwnâi nifer o weinidogion), ddileu Cristnogaeth yn y pen draw; ar y llaw arall, byddai peidio â chefnogi'r Rhyfel, a chaniatáu i Hitleriaeth ennill y dydd, wedi dileu'r etifeddiaeth Gristnogol yn llwyr yn y pen draw. Sefyllfa amhosibl oedd hi. Rhaid parchu safbwynt yr heddychwyr, wrth reswm, ond eto, diwinydda'n ystrydebol a wnâi rhai, heb wir sylweddoli beth oedd y broblem: glynu'n gysurus wrth yr hen safbwyntiau crefyddol traddodiadol cysurus mewn cyfnod o argyfwng byd-eang. 'Roedd rhai mathau o heddychiaeth yn peri anniddigrwydd ar y pryd. Dyfynnir tystiolaeth o'r fath gan Dewi Eirug Davies, eiddo Iorwerth Jones:[16]

> Parhaodd ein heddychiaeth i raddau pell yn ddim amgen na dymuniad duwiol, a draetha'n gyffredinol am gariad a maddeuant, heb fawr o ymdrech hyd yn oed mewn theori i ddangos sut y gellid cymhwyso'r egwyddorion hyn ynghanol dryswch y cenhedloedd.

Bu heddychwyr Cymru yn brysur yn ystod y cyfnod yn lledaenu egwyddorion heddychiaeth drwy gyfrwng pamffledi, a bu rhai beirdd yn flaenllaw gyda'r rhyfel bamffledi hon. Cyhoeddwyd pamffledi gan Gymdeithas Heddwch yr Annibynwyr Cymraeg a chan

Gymdeithas Heddychwyr Cymru, dan lywyddiaeth George M. Ll. Davies, a'r gymdeithas hon oedd yn gyfrifol am y gyfres Pamffledi Heddychwyr Cymru. Iorwerth C. Peate oedd awdur un ohonyn nhw, sef *Y Traddodiad Heddwch yng Nghymru*, trosodd T. Gwynn·Jones rannau o nofel Dostoieffsci, *Y Brodyr Karamazov*, dan y teitl *Dau Ddewis*, a T. Eirug Davies oedd awdur *Yr Eglwys Fore a Rhyfel*. Golygodd Gwilym R. Jones ddwy gyfrol yn y gyfres, dan y teitl *Caniadau'r Dyddiau Du*, a chrynhoi ynddyn nhw nifer o gerddi a gollfarnai'r Rhyfel. Yn ei Ragymadrodd i'r gyfrol gyntaf, gwahaniaethodd Gwilym R. Jones rhwng y gwahanol fathau o heddychwyr:[17]

> Gwelir ... fod y mwyafrif o'r bobl yn barod i gyd-gerdded â'r pasiffist am y filltir a ddengys ddrwg rhyfel. Ymwahanwn yn ddau ddosbarth lle y cychwyn yr ail filltir, sef y dosbarth bychan a gred na ddichon pren drwg ddwyn ffrwythau da, a'r dosbarth lluosocach a gred y geill hyd yn oed rhyfel fod y gorau o ddau ddrwg.

Byddai unrhyw un yn ei iawn bwyll yn cytuno â Gwilym R. Jones mai melltith yw rhyfel, unrhyw ryfel. Ond 'roedd Hitleriaeth wedi codi, ac wedi rhoi ei bryd ar drechu Ewrop, a dymchwel gwareiddiad. A dyna oedd y broblem: beth i'w wneud mewn sefyllfa ddirdynnol a dyrys o'r fath?

Bardd heddychol mwyaf yr Ail Ryfel Byd, wrth gwrs, oedd Waldo Williams. Dyma ŵr a oedd yn byw ei heddychiaeth. Nid argyhoeddiad mo'i heddychiaeth i Waldo, ond holl wead ei bersonoliaeth, a holl ddiben ei fodolaeth. Mae meddwl am Waldo yn cydio mewn gwn ac yn cyrchu maes y gad i saethu ei 'elynion' yn syniad cwbl amhosibl. 'Roedd heddychiaeth Waldo yn heddychiaeth weithredol, nid yn safbwynt diwinyddol amherthnasol, nac yn foeth-usrwydd meddyliol o unrhyw fath. Dyfnder ac ehangder ei frawdgarwch, angerdd ysol ei heddychiaeth, a barodd fod ei gerddi heddychiaeth mor arswydus o gryf. A'r gallu anhygoel hwnnw a oedd ganddo i weld yr ochr orau a'r ochr olau i ddyn mewn cyfnod mor dywyll. Wrth weld y bomio ar Abertawe, meddwl am werthoedd Cristnogol ei rieni a wnâi Waldo, nid myfyrio ar wallgofrwydd a barbareiddiwch dynion, gan ragweld dydd pryd y byddai gwerthoedd ei rieni yn eiddo i'r ddynoliaeth gyfan. Y rhinweddau hynny o eiddo'i rieni a eti-feddid gan y ddynoliaeth yn y dyfodol fyddai Gwirionedd a Maddeuant, a digon tebyg yw ei weledigaeth yn 'Cyfeillach', cerdd a luniwyd ar ddydd Nadolig 1945, ar ôl iddo ddarllen y câi milwyr Prydain yn Yr Almaen ddirwy hyd at un bunt ar bymtheg pe baent yn dymuno Nadolig Llawen i Almaenwr:

> Cod ni, Waredwr y byd,
> O nos y cleddyfau a'r ffyn.
> O! Faddeuant, dwg ni yn ôl,
> O! Dosturi, casgla ni ynghyd.
> A bydd cyfeillach ar ôl hyn.

Mae cerddi Waldo Williams yn ystod yr Ail Ryfel Byd ymhlith cerddi mwyaf y Gymraeg. Heddychiaeth gyflawn, wrol, oedd heddychiaeth Waldo, a'r dyfnder argyhoeddiad ac arddel-iad yn esgor ar gerddi cyfoethog. Gallai Waldo weld Eden yn Belsen.

Mae'r cerddi yn y casgliad hwn yn cyflwyno darlun inni o gyfnod brawychus a phryderus. Sonia E. Prosser Rhys am anghofio am 'gwpon a threth' wrth eistedd ar y promenâd yn Aberystwyth; Saunders Lewis wedyn yn portreadu'r gwragedd hynny

> ... a'u clustiau 'nghlwm wrth lais mewn blwch,
> A'r post mor araf-deg o'r Aifft, o Singapôr ...

Sonia Nefydd Owen am 'Ryfel yn cyflymu afon bywyd', am yr ymdeimlad a geid ar y pryd fod amser yn brin ac yn werthfawr. Ni ellid gohirio dim, na byw'n hamddenol; rhaid oedd bachu pob eiliad brin. 'Roedd y Rhyfel

> yn cymell Heddiw ar gariadon,
> yn rhoi ysgytwad i'r boblach bwrdais
> sydd am ohirio gwres eu nwyd
> hyd ddydd gras Mamon.

Ac wrth gwrs, mae sawl cerdd yn ceisio crisialu'r ofn a'r arswyd a deimlid pan oedd awyrennau'r gelyn yn britho'r ffurfafen, ac yn gollwng bomiau ar gartrefi a phobl. Mae'r farddoniaeth yn gofnod o gyfnod.

Daw hyn â ni at y corff o ganu am y Rhyfel a luniwyd ar ôl y Rhyfel, sef y cerddi sy'n ymwneud â gwersyll-garcharau Hitler, a'r ymdrech glinigol oeraidd i ddiddymu hil gyfan, a hefyd â dwy o weithredoedd olaf y Rhyfel, sef gollwng y bom atomig ar Nagasaki a Hiroshima yn Siapan. Mae'n amhosibl i ni fyth fedru dirnad na mesur effaith yr erchyllterau hyn ar y *psyche* modern, a'u heffaith ar farddoniaeth y cyfnod ôl-ryfel yn enwedig. Ymateb ôl-ryfel yw'r ymateb i rai o ddigwyddiadau amlycaf a mwyaf dirdynnol y Rhyfel. Prin iawn yw'r ymateb ar y pryd i'r naill erchyllter na'r llall. Ar ôl y Rhyfel y dadlennwyd camweddau echrydus y Natsïaid yn y gwersylloedd-dilead hyn, ac ar ddiwedd y Rhyfel y llosgwyd y ddwy dref yn Siapan yn ulw.

Ceir eithriadau er hynny. Primo Levi, er enghraifft, yr Eidalwr Iddewig a lwyddodd i oroesi erchyllterau un o is-wersylloedd Auschwitz, Buna-Monowitz, drwy iddo gael hyfforddiant fel cemegydd, a bod, felly, o ddefnydd i'r Natsïaid. Croniclodd ei brofiadau mewn cerddi a straeon. Fel enghraifft brin o gerdd sy'n seiliedig ar brofiadau uniongyrchol un o garcharorion y gwersylloedd hyn, dyma gyfieithiad o'i gerdd 'Buna':

> Traed rhwygedig a daear felltigedig,
> Yn llwydni'r bore llinell hir.
> Mae'r Buna'n mygu o fil o simneiau,
> A diwrnod fel pob diwrnod arall yn ein haros ni.
> Y chwibanau'n boen gyda'r wawr:
> 'Chwi'r torfeydd â'r wynebau marw,
> Ar erchyllterau undonog y llaid
> Ganed dydd arall o gyni.'
> Gydymaith blinedig, fe'th welaf yn fy nghalon.

Darllenaf dy lygaid, gyfaill trist.
Yn dy fynwes fe gludi oerni, newyn, diddymdra.
Torraist weddillion y dewrder a oedd ynot ti.
Un di-liw, buost unwaith yn gryf
A cherddai gwraig wrth dy ochr.
Gydymaith gwag nad oes ganddo enw rhagor,
Ŵr gwrthodedig, na all wylofain rhagor,
Mor dlawd, fel na elli alaru rhagor,
Mor flinedig, fel na elli arswydo rhagor.
Ŵr a fu'n ŵr cryf unwaith,
Pe baem yn cyfarfod â'n gilydd eto
I fyny yn fan'na'n y byd, yn felys dan yr haul,
Pa fath o wyneb a feddem pan welem ein gilydd?

Llwyddodd rhai beirdd o dras Iddewig i osgoi tynged eu hil, fel Nelly Sachs, Rachel Korn ac Abraham Sutzkever, ond diflannodd nifer helaeth o feirdd Iddewig yn y gwersylloedd dieflig hyn, fel Gertrud Kolmar, a diflannodd eu cân gyda nhw.

Yr unig fath arall o ymateb i'r gwersylloedd-difa y gellir ei ddilysu fel ymateb uniongyr-chol ar y pryd yw ymateb y rhai a welodd y carcharau hyn a'u herchyllterau adeg darganfod a rhyddhau'r gwersylloedd. Mae cerddi'r dosbarth hwn hefyd yn rhyfeddol o brin. Dyma ddwy. 'Day of Liberation, Bergen-Belsen, May 1945' gan Phillip Whitfield i ddechrau. Capten gyda'r Corfflu Meddygol oedd Phillip Whitfield, a bu'n llygad-dyst i'r hyn a welwyd ar ôl i'r Cynghreiriaid gyrraedd Bergen-Belsen:

We build our own prison walls
but that day the doors fell open,
it was holiday time
in the death camp.

Lift him with courtesy,
this silent survivor.
Battle-dress doctors,
we took him from the truck
and put him to bed.

The moving skeleton
had crippled hands,
his skinny palms held secrets:
when I undid the joints I found
five wheat grains huddled there.
In the faces of other people
I witness my distress.

I close my eyes:
ten thousand wasted people

still piled in the flesh-pits.
Death of one is the death of all.
It is not the dead I pity.

Darlun dirdynnol yw'r un o'r llaw esgyrnog wedi cloi am bum gronyn. Mae llinell olaf y gerdd yn awgrymog iawn. Hyd yn oed ar y pryd, gallai'r awdur sylweddoli beth oedd arwyddocâd y cieidd-dra hwn. Gallai ddigwydd eto. 'Roedd byd newydd o bosibiliadau o safbwynt barbareiddiwch a chreulondeb wedi agor, a gallai erchyllterau Bergen-Belsen fod yn ddechreuad yn hytrach nag yn ddiwedd.

Nyrs gyda'r Lluoedd Arfog oedd Joy W. Trindles, a threuliodd naw wythnos yn Belsen yn ymgeleddu rhai o'r goroeswyr. Mae 'Until Belsen' yn seiliedig ar y profiadau hynny:

We thought we had seen it all.

Our cheeks bloomed like peaches,
Bright eyes, quick light movement.
Flashes of scarlet, snow white caps,

We thought we had seen it all.

The London Blitz, bombs, fires, headless corpses,
Screaming children: Yankee Doodle Dandy!

We thought we had seen it all.

Scabies, Lice, and Impetigo, T. B., Polio
And unmentionable V. D.

We thought we had seen it all.

Then France.
Day followed night and then another day
Of mangled broken boys.
Irish, Welsh and Scots,
Jerries, Poles and French –
They cried in many tongues as needles long and sharp
Advanced.
Their blood ran very red and so they died.

We thought we had seen it all.

Our souls shrank deep and deeper still,
Until with nowhere else to go, soft hearts

xxx

Hardened and cocooned themselves.
Laughter broke like glass over fields and orchards
And from tent to tent.
We tried; we really tried, but some they died.

We thought we had seen it all.

Until Belsen

There are no words to speak.
We hid within our souls, deep and silent.
We clung together trying to understand,
The smell pervaded the mind and the sights and sounds
Reached those souls buried deep within and for so long
Encased in rock.
Bitter, scalding tears melted the rock;
Our hearts were broken.

We had seen it all.

Cerdd rymus; cerdd hunllefus. Mae'n dweud y cyfan: erchyllter yn dilyn erchyllter hyd nes cyrraedd campwaith o erchyllter a diawledigrwydd. Uchafbwynt blynyddoedd o gieidd-dra a bryntni oedd darganfod y gwersylloedd ysgeler hyn. 1945 oedd blwyddyn yr uchafbwynt, blwyddyn diwedd gwareiddiad. Ar ôl datgelu erchyllterau'r Natsïaid i'r byd, cyflawnwyd trosedd a oedd yn ganmil gwaeth na bomio Guernica, sef gollwng y bom atomig ar Hir-oshima ac ar dref borthladd Nagasaki gan yr Americaniaid. Llosgfeydd dychrynllyd, llygaid yn toddi allan o bennau pobl; lladd 73,884, anafu 76,796 yn Nagasaki; lladd a chlwyfo 136,989 o bobl yn Hiroshima, ac effaith andwyol y ffrwydrad ar y goroeswyr. Cymharol brin oedd y cerddi a luniwyd i'r digwyddiad oddeutu'r adeg, a phrinnach fyth yr ymateb gan feirdd Siap-aneaidd a oedd yn llygaid-dystion i'r ffrwydrad, neu a ddioddefasai yn uniongyrchol effaith ymbelydredd o ganlyniad i'r ffrwydrad. Ceir dau fardd o leiaf. Tamiki Hara (1905-1951) oedd un, un o oroeswyr Hiroshima, ond cyflawnodd hunanladdiad ar ôl derbyn cadarnhad fod 'yr haint atomig' arno. Dyma un o'i gerddi am ollwng y bom ar Hiroshima, 'Darnau'n Pelydru', cerdd a seiliwyd ar ddilysrwydd ac uniongyrchedd profiad:

Darnau'n pelydru,
Golosg gwelw
Fel tirlun eang yn crychdonni
Yn fflam, cyn ei phylu hi.
Celain dyn ar gelain dyn yn siglo'n donnau.
Pob bodolaeth, pob peth a allai fod
Yn ffradach mewn fflach, a chwydd burgyn ceffyl, a oedd
yn ymyl trên wedi troi,
oedd gweddill y byd,
Ac arogl gwifrau trydan yn mudlosgi.

Bardd arall a oedd yn Hiroshima pan ollyngwyd y bom oedd Sankichi Toge (1917 - 1953), a adwaenid fel Bardd yr Atom Bom yn Siapan, ac a fu farw o effaith pelydredd wyth mlynedd yn ddiweddarach.

Un o'r beirdd i ymateb i'r anfadwaith oedd Edith Sitwell yn 'The Shadow of Cain':

> We did not heed the Cloud in the Heavens shaped like the hand
> Of Man ... But there came a roar as if the Sun and Earth had come together –
> The Sun descending and the Earth ascending
> To take its place above ... the Primal Matter
> Was broken, the womb from which all life began.
> Then to the murdered Sun a totem pole of dust arose in memory of Man.

Diwedd y byd, diwedd gwareiddiad, diwedd Dyn, dyna a welai Edith Sitwell. Ni allai bywyd fyth fod yr un fath eto ar ôl y rhyfel mwyaf erchyll ac enbydus yn hanes dyn; ac ni allai barddoniaeth fod yr un peth eto. Ymateb uniongyrchol i'r Ail Ryfel Byd yw'r cerddi gan feirdd diweddar i hil-ddiddymiad yr Iddewon a ffrwydro'r bom atomig. Ond beth am yr ymateb anuniongyrchol? Sylweddolwyd, ar ôl y Rhyfel, fod gan ddyn guddfannau tywyll yn ei enaid, rhyw natur wyrdroëdig a allai, mewn rhai amgylchiadau neilltuol, a than arweiniad a chymhelliad arbennig, gyflawni'r erchyllterau mwyaf anhygoel, creulondebau na ellid hyd yn oed ddychmygu eu bod yn bosibl cyn 1945. Y braw mwyaf oedd fod dyn ar ei fwyaf datblygedig, ar ei fwyaf athrylithgar, hefyd ar ei fwyaf anifeilaidd a barbaraidd. 'Roedd ei ddyfeisiau a'i dechnoleg yn mynd lawlaw â'i ddiawlineb a'i anwarineb, a gallai ddefnyddio ei allu i greu mwy o hafog a chyflawni mwy o erchyllterau. 'Roedd dyn wrth ddatblygu yn camu'n ôl i'w gyflwr mwyaf cyntefig, fel saethu roced i'r gofod i ddarganfod bydoedd newydd a honno'n glanio yn nechreuad cyntefig dyn wrth ddod yn ôl. Sylweddolwyd mwy nag erioed o'r blaen fod einioes ddynol yn ddiwerth, a bod dyn yn ei hyrddio ei hun yn bendramwnwgl i gyfeiriad gwallgofrwydd llwyr a dilead llwyr. Siocwyd y byd pan fomiwyd Guernica ym 1937. Lladdwyd bron i ddwy fil o bobl gan gannoedd o fomiau yn ystod y cyrch hwnnw. Wyth mlynedd yn ddiweddarach 'roedd dau fom yn unig wedi difa 200,000 o bobl. Er i'r weithred syfrdanu'r byd ar y pryd, chwarae plant oedd y bomio ar Guernica o'i chymharu â'r hyn a ddigwyddodd yn Hiroshima a Nagasaki.

Dychwelwn, cyn terfynu, at Ryfel Cartref Sbaen. Nid ar ôl yr Ail Ryfel Byd, nid ar ôl llosgfeydd Hiroshima a llwgfeydd y gwersylloedd-difa, y daeth tywyllwch i deyrnasu. Synhwyrodd rhai beirdd a llenorion fod cyfnod o dywyllwch, erchyllter ac ofn ar ddod cyn y datgelu ar erchyllterau Natsïaeth a'r gweithredu ysgeler yn Hiroshima a Nagasaki ym 1945, ac ar ôl Rhyfel Cartref Sbaen y sylweddolwyd hynny. Er enghraifft, meddai un o feirdd mwyaf adnabyddus y tridegau a'r pedwardegau, Alex Comfort:[18]

> The landmark which we can most easily identify as the first sign of the revelation of this darkness is the collapse of the school of socialist realism in England. The occasion of it was the Spanish War. Looking back at that period it seems clear that it was not the destruction of the socialist ideal in Spain, nor the certainty of European war which opened the eyes of poets, but the renewed contact with the work and discoveries of Lorca and

Unamuno, brought back from Spain by writers who went overseas. It was at the time of defeat that the poets who had been inspired by Marxism were led by Lorca and Unamuno to look up and see the skull which was looking over their shoulder. They came to realize under the impact of actual death in the Spanish battles and imminent death in the suicide of Europe that death is real, and that all purpose is limited by the foreshadowings of personal extinction.

'All purpose is limited by the foreshadowings of personal extinction'. Lluniwyd y geiriau hyn ym 1943. Mae athroniaeth Theatr yr Abswrd ynddyn nhw, mae gwacter ystyr, diffyg diben y dyn modern ynddyn nhw, ac mae Nihiliaeth y cyfnod ôl-ryfel ynddyn nhw. Dangosodd Rhyfel Cartref Sbaen nad oedd y fath beth â chyfiawnder, tegwch neu foesoldeb yn bod. Trechaf treisied, gwannaf gwaedded oedd arwyddair yr oes. Grym a chreulondeb, nid egwyddor a thrugaredd, a reolai, a 'doedd Duw yn ochri â neb. Yn wir, ni hidiai Duw yr un ffeuen beth a wnâi ei greaduriaid, a gwrthodai ymyrryd hyd yn oed pan oedd sgrechfeydd ei hil etholedig yn cyrraedd y nef o berfeddion y siamberi nwyo.

Meddai David Wright:[19]

> In the last half-century two major historical events have created a profound difference in the spiritual conditioning of those who spent their childhood or reached adolescence before they took place. The first was the disruption of Europe, with the mores and values that attended it, in 1914-1918; the second, the explosion of the atomic device in 1945. Those whose childhood was over by 1918, those who had grown up by 1940, and those whose infancy or adolescence coincided with the bomb, were conditioned by entirely different spiritual climates, as different as those which existed in Europe before and after the French Revolution. Roughly speaking it may be said that the first group still believes in Eden, the second expects apocalypse, while for the third, to judge from a certain stunned withdrawal that seems to characterize its poetry, apocalypse has already occurred.

Yn ei flodeugerdd *The New Poetry*, ceryddwyd beirdd Lloegr gan A. Alvarez am gladdu eu pennau yn eu tywod dosbarth canol diogel, ac am geisio anwybyddu gwir themâu, gwir symudiadau a gwir awyrgylch eu cyfnod: eu cystwyo am geisio osgoi yn fwriadol yr elfennau mwyaf amlwg yn y bywyd cyfoes. Meddai:[20]

> What, I suggest, has happened in the last half century is that we are gradually being made to realize that all our lives, even those of the most genteel and enislanded, are influenced profoundly by forces which have nothing to do with gentility, decency or politeness. Theologians would call these forces evil, psychologists, perhaps, libido. Either way, they are the forces of disintegration which destroy the old standards of civilization. Their public faces are those of two world wars, of the concentration camps, of genocide, and the threat of nuclear war.

Mae'r trai ar grefydd, a ddechreuwyd gyda'r Rhyfel Mawr ac a ddwysawyd gyda'r Ail Ryfel

Byd, y coll ffydd, yr anallu i gredu mewn daioni, yn rhan o batrwm yr ymddatodiad sydd mor amlwg heddiw. Dyma'r cyflwr modern, mewn cymdeithas ac mewn barddoniaeth. Mae'n wir fod llawer o feirdd Cymru heddiw yn barddoni fel pe na bai na Guernica na Treblinka erioed wedi digwydd, ond 'does dim grym i'w lleferydd. Dechreuodd yr Ail Ryfel Byd ym 1936, ac mae'n para o hyd.

*Alan Llwyd*

# Cyfeiriadau'r Rhagymadrodd

1. Janet Pérez, *The Spanish Civil War in Literature,* Goln Janet Pérez a Wendell Aycock, Texas, 1990, t.1.
2. Ibid., t.10.
3. *Spain at War: The Spanish Civil War in Context 1931-1939*, George Esenwein ac Adrian Shubert, Llundain, 1995, tt. 199-200.
4. Ibid., t. 245.
5. *The Last Great Cause: The Intellectuals and the Spanish Civil War*, Stanley Weintraub, Llundain, 1968, t.13.
6. *Authors Take Sides on the Spanish War*, 1937; dyfynnir yn *The Last Great Cause*, t.13.
7. Ibid.
8. *The Spanish Civil War in Literature,* t.11.
9. *The Spanish Civil War: A Cultural and Historical Reader*, Gol. Alun Kenwood, Rhydychen, 1993, t.27.
10. *I Gofio am Llewelyn Lewis 1919-1941,* diddyddiad, t.7.
11. *The Terrible Rain: The War Poets 1939-1945*, Gol. Brian Gardner, Llundain, 1977, t.xxi.
12. Dyfynnir yn *Poetry of the Forties*, Gol. Robin Skelton, Harmondsworth, 1968, t.24.
13. *The Penguin Book of Civil War Verse*, Gol. Valentine Cunningham, Harmondsworth, 1980, t.27.
14. 'Roedd 'O'r Dwyrain' Elwyn Evans yn ail yng nghystadleuaeth y Bryddest yn Eisteddfod Genedlaethol Penybont-ar-Ogwr ym 1948, pan ddyfarnwyd pryddest Euros Bowen yn deilwng o'r Goron. Ffugenw Elwyn Evans oedd *Mab y Bryn*, a dywedodd Saunders Lewis, un o dri beirniad y gystadleuaeth: 'Teimlaf wrth ei darllen fod y bardd dan orfod i'w sgrifennu hi. Damwain yw ei fod yn cystadlu; rhoi trefn ar ei brofiad ac ar ei fywyd y mae ef yn ei bryddest. Hoffaf hi'n fawr.' (*Cyfansoddiadau a Beirniadaethau Eisteddfod Genedlaethol 1948 (Penybont-ar-Ogwr)*, Gol. William Morris, Lerpwl, t.40). Cyhoeddwyd 'O'r Dwyrain' yn ei chrynswth yn *Amser a Lle*, Llandysul, 1975.
15. 'Llenyddiaeth Milwyr, *Barddas*, rhif 157, Mai 1990, t.2.
16. *Protest a Thystiolaeth: Agweddau ar y Dystiolaeth Gristionogol yn yr Ail Ryfel Byd*, Llandysul 1993, t.110.
17. *Caniadau'r Dyddiau Du* (Pamffledi Heddychwyr Cymru), Gol. Gwilym R. Jones, diddyddiad, t.3.
18. *Kingdom Come*, cyf.iii, rhif 12, 1943. Dyfynnir yn *The Penguin Book of Spanish Civil War Verse*, tt.85-86.
19. *The Mid Century: English Poety 1940-60,* Gol. David Wright, Harmondsworth, 1970, t.16.
20. *The New Poetry*, Gol. A. Alvarez, Harmondsworth, 1967, t.26.

# I

# 'O Ingoedd Sbaen'

# I Gofio Cymro

(a syrthiodd yn Sbaen)

Clybu riddfannau'r gwan o faes y gad
  A rhu magnelau'r gelyn yn y nen;
Daeth angerdd rhyddid arno'n hedd y wlad,
  Ac aeth yn darian fyw i'r ddinas wen.
Yno 'roedd sydyn sgrech y belen dân
  Yn taflu angau ar ddiadell fud,
Haid o eryrod dur mewn awyr lân
  Â'u hen grafangau'n difa maes a chrud.
Aeth yntau – Gymro dewr – i'r tarth a'r nos,
  Plygodd ei ysgwydd o dan estron bwn,
Tros ryddid daear syrthiodd yn y ffos
  Â'i fys yn chwilio clicied poeth ei wn.
Daw nodyn dwysa'r byd o glwyf y draen,
A chân caniadau'r byd o ingoedd Sbaen.

*T. E. Nicholas*

2

## Pryder am Sbaen a Chymru

Ar negeseuon serch neu antur nos,
pan ddringa'n eofn dros y Llechwedd hir,
pwy genfydd berygl drwy y gwydr triphlyg? –
cadarn yw'r modur ar gynefin dir.

Gwêl 'nawr o'r gopa oleuadau'r dre';
a chyfod len dramâu'r aelwydydd clyd;
gwrando lawenydd y tyrfaoedd clau
sy'n gwag swmera dan lachar lampau'r stryd.

Draw dros y môr, mae'r amgueddfa wych
dan raib, a'r sêr gan sŵn yr awyrennau'n flin;
clywch gri ein brwydr ni, a gwerin Sbaen
yn wylo dysgub eu hanwyliaid crin.

*Alun Llywelyn-Williams*

3

# Sbaen
## 1938

Buost ffroenuchel,
yn sôn am urddas dy linach
a gwychder pell dy freniniaethau;
ond daeth arnat warth,
a dirmyg y genhedlaeth i'th gnoi yn dy henaint –
cefnodd dy feibion i fyw'n afradlon,
a'th ferched i buteinio
ym Moscow, yn Rhufain a Berlin.

A mwyach bydd iti'n rhan
warchod eu bastardiaid hwy
a'u magu ar dy fronnau;
ac ar y mab a anwyli ohonynt
y pentyrri orau dy fywyd;
canys nid oes a enir
onid o waed dieithr a chnawd o'th gnawd.

*W. H. Reese*

# Guernica
## 1938

(gweddi'r mamau wedi'r bomio)

O Fair fendigaid,
buost tithau'n fam;
dioddefaist ing a phryder dy dymor,
a gwynfyd dy dymp;
buost tithau'n gwario dy einioes,
yn llosgi dy egni dros dy blant.
O Fair, ai dy ewyllys di a wneir?
Ai dy fwriad di yw troi nosau'n uffern,
a bwrw llid o'r ffurfafen,
a rhwygo diogelwch ein paderau â bwledi
a'n ffydd â bomiau?

Neithiwr bu awyrblanau'n hau gofid o'r awyr,
ninnau'n tyrru i selerydd
rhag nwy a ffrwydradau,
a chwilio am anwyliaid yng nghaddug y tan–ddaear,
a'r nos fel canrif.

Bore, a haul yn gwaedu trwy falurion myglyd,
a'r awyrblanau ciaidd
yn dianc rhag y wawr fel adar nos,
gwelsom goluddion ein plant ar y stryd;
clywsom eu gwaedd o dan y tyrrau –
rhoed inni wybod pob tristwch mewn unnos,
O Fair, a'n gofid tu hwnt i wylo;
megis dy gur dithau,
canys bu dy fab - lleufer dy ddiddanwch –
unwaith yn sbort i'r Rhufeiniaid.

*O'r ddaear y cyfyd gwaedd!*
*O'r ddaear y cyfyd bywyd!*
*O'r lle bu angau'n cloi cyrff di-gist*
*cenedl a enir;*
*llanciau a gwyryfon a dyfant fel gwenith,*
*canys ni chyfyd bywyd*
*oni bo egin yn ystwyrian yn y dyfnder,*
*oni bo tristwch,*
*a gweddïau cenhedlaeth yn gaer amdanynt.*

*Cenedl a syrth i'r ddaear,*
*ond cenedl a dyf o'i llwch,*
*canys nid â'n ofer un aberth na gobaith,*
*nac angau y genhedlaeth adfydus.*

*W. H. Reese*

*Un o bosteri Rhyfel Cartref Sbaen, o blaid y Gweriniaethwyr ac yn erbyn y Ffasgwyr:*
*'Beth ydych chi'n ei wneud i rwystro hyn?'*

# Yr Helfa

## (Detholiad)

('Ribbentrop then invited Lord Halifax to Germany, and Lord Halifax said
he would be very glad to come, and perhaps another hunting-party
could be arranged.' – O hanes praw Ribbentrop.)

Yn Sbaen daeth tro y gwerinwyr
   I roddi i'r helwyr fwynhad;
Rhaid saethu'r tlawd a'i ddarostwng
   A'i hela yn nhir ei wlad.
Cesglir yr helwyr o Affrig –
   Dynion diniwed, du –
A'u gosod ar drywydd gwerinwyr dewr
   A darnio'r gwareiddiad a fu.
O'r Eidal a'r Almaen daw'r helwyr
   A'u dwylo yn goch gan waed,
A Phrydain yn rhoddi ei bendith
   Pan sethrid gwerinwyr dan draed.
Onid yw'r Pab yn addo
   Bendith i'r helwyr hyn,
A harem fawr yn y nefoedd
   O ferched gosgeiddig, gwyn?
Oni roir iddynt y Cymun
   Yn enw yr Iesu a'i Groes,
A'u dysgu mai hwy yw arwyr
   Grymusaf Duw ym mhob oes?
Mae Sbaen yn ardderchog i hela
   A threulio diwrnod o sbri;
Mae'r gweithwyr ffôl yn hawlio rhan
   O'i chyfoeth dihysbydd hi!
Yr Eglwys â'i chrafanc am eiddo,
   A Mamon yn hawlio'i bwys,
A gwerin yn syrthio fel dyrnaid o ŷd
   I bridd a thywyllwch y gŵys.

     Y plant bach dela'
     Yn cael eu hela,
A suddo'n ddienw mewn gwaed a llacs,
Yn Helfa Goring a Haliffacs.

*T. E. Nicholas*

*Achub plentyn hanner noeth ar ôl cyrch-awyr ar Barcelona yn ystod Rhyfel Cartref Sbaen.*

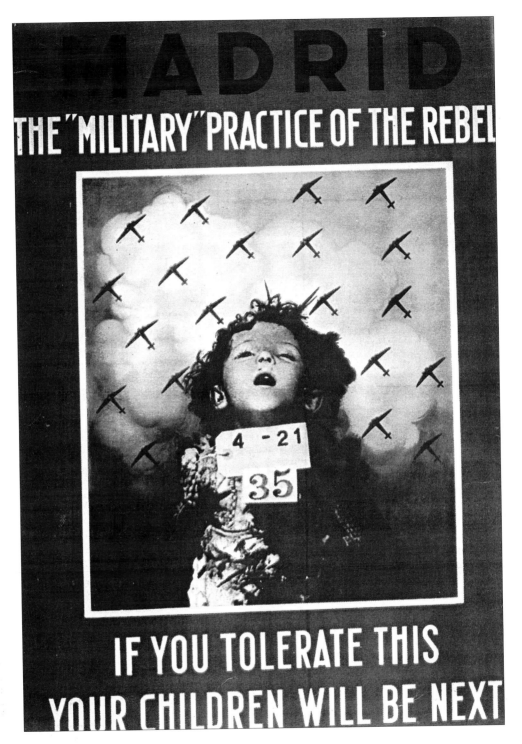

Ysigwyd y byd gan luniau o blant bach wedi cael eu lladd yn ystod Rhyfel Cartref Sbaen. Dyma boster propaganda yn erbyn y Ffasgwyr.

# II

# 'Ar Drothwy Rhyfel'

## Ar Drothwy Rhyfel

Wrth hir ymloetran gyda'r nos
dan gysgod coch y goleuadau neon,
ni chawsom ateb i'n gofynion taer –
sibrydai pawb, 'Mae'r nos yn burion,

Na hidiwch gri'r hen wreigan dan y modur,
(mae'n dro alaethus, ond nid yw i'n rhan);
pan fo'r holl wlad mewn perygl, ni allwn
fforddio cynnal cur y gwan.

Ymdeithia'r deillion gyda'r wawr
yn fintai arfog, drefnus, tua'r stesion;
dywedir bod y rhyfel wedi torri,
ond ni ddatguddiwyd pwy yw ein gelynion,

Cawn wybod hynny gan y papur 'fory.
Cewch hanes gŵr a ladrataodd gŷn,
sydd wedi dianc o'i wallgofdy clyd
i naddu englyn ar ei fedd ei hun.'

*Alun Llywelyn-Williams*

## Rhwng Rhyfeloedd

Fe gawsom lawer egwyl bêr
    Yn hindda'r dyddiau gynt
I wylio teyrnas bell y sêr
    A gwrando ar y gwynt.

Pan fyddai min yr iâ fel llafn
    Yn gwanu trwy ein crwyn,
Caem flas ar win i wlychu'r safn
    A blas ar adrodd cwyn.

Os deuai sôn am Ewrop bell
    Yn rhuo tua thranc,
Fe fyddai chwerthin yn ein cell
    A cheiniog yn y banc.

Ond, wele'r sêr yn glawio tân,
    A'n cestyll dan ein traed;
Fe rygna'r gwynt alarus gân,
    A throes y gwin yn waed.

*Gwilym R. Jones*

# Y Dewin

(Mewn cyngerdd organydd tai pictiwrs
yng Ngogledd Cymru, Gorffennaf 1939)

'Roedd y neuadd dan sec hyd y gornel bellaf
   Er bod haul ar y Gogarth a chwch ar y lli,
Pan godwyd y Dewin disgleirwallt i'n golwg
   Yn dwt wrth ei organ amryddawn ei chri.

Dotiasom ar rempiau a strempiau ei ddwylo –
   A'r organ rhagddynt yn anadlu a byw;
Llef utgorn … chwiban … grŵn gwenyn … trwst trenau …
   Fel y mynnai'r Dewin, a lamai i'n clyw.

Cawsom siwgr a wermod operâu'r Eidal,
   Urddas Tannhäuser, bolero Ravel,
Dybryd seiniau Harlem o'r lloriau dawnsio,
   Rymba o Rio, a walsiau bach del.

Fel y dôi'r gyfeddach beroriaeth i'w therfyn,
   A'r Dewin yn siŵr o dymer yr awr –
Yn sydyn, yn nwydus, mae'n taro medlai
   O folawdau'r Sais i'w ryfelwyr mawr.

Clywsom dabwrdd Drake … dadwrdd Trafalgar,
   A bendithio teyrnwialen Brenhines y Don;
Cyffroes y dyrfa, ac ag unllais aruthr
   Mae'n uno â'r organ yn eirias ei bron.

(Draw ar y Cyfandir gwelid noethi dannedd;
   Cerddai tywyll ddarogan, a holi o hyd
A oedd Rhyddid ar alw ei Grwsadwyr eto?
   Ac ing a dinistr yn dychwel i'r byd?)

Ac yno, yn y neuadd, a'r organ a'r dyrfa
   Yn canu am yr uchaf – gwelais fab, gwelais dad
Yn ymdaith o Gymru yn lifrai'r arfogion,
   A'r lampau'n diffodd o wlad i wlad.

*E. Prosser Rhys*

# Y Dilyw 1939

## I

Mae'r tramwe'n dringo o Ferthyr i Ddowlais,
Llysnafedd malwoden ar domen slag;
Yma bu unwaith Gymru, ac yn awr
Adfeilion sinemâu a glaw ar dipiau di-dwf;
Caeodd y ponwyr eu drysau; clercod y pegio
Yw pendefigion y paith;
Llygrodd pob cnawd ei ffordd ar wyneb daear.

Unwedd fy mywyd innau, eilydd y penderfyniadau
Sy'n symud o bwyllgor i bwyllgor i godi'r hen wlad yn ei hôl;
Pa 'nd gwell fai sefyll ar y gongl yn Nhonypandy
Ac edrych i fyny'r cwm ac i lawr y cwm
Ar froc llongddrylliad dynion ar laid anobaith,
Dynion a thipiau'n sefyll, tomen un-diben â dyn.

Lle y bu llygaid mae llwch ac ni wyddom ein marw,
Claddodd ein mamau nyni'n ddifeddwl wrth roi inni laeth o
Lethe,
Ni allwn waedu megis y gwŷr a fu gynt,
A'n dwylo, byddent debyg i law petai arnynt fawd;
Dryllier ein traed gan godwm, ni wnawn ond ymgreinio i glinig,
A chodi cap i goes bren a'r siwrans a phensiwn y Mond;
Iaith na thafodiaith ni fedrwn, na gwybod sarhad,
A'r campwaith a roisom i hanes yw seneddwyr ein gwlad.

## II

Cododd y carthion o'r dociau gweigion
Dros y rhaffau sychion a rhwd y craeniau,
Cripiodd eu dylif proletaraidd
Yn seimllyd waraidd i'r tefyrn tatws,
Llusgodd yn waed o gylch traed y plismyn
A lledu'n llyn o boer siliconaidd
Drwy gymoedd diwyneb diwydiant y dôl.

Arllwysodd glaw ei nodwyddau dyfal
Ar gledrau meddal hen ddwylo'r lofa,
Tasgodd y cenllysg ar ledrau dwyfron
Mamau hesbion a'u crin fabanod,

14

Troid llaeth y fuwch yn ffyn ymbarelau
Lle camai'r llechau goesau llancesi;
Rhoed pensiwn yr hen i fechgynnos y dôl.

Er hynny fe gadwai'r lloer ei threiglo
A golchai Apolo ei wallt yn y gwlith
Megis pan ddaliai'r doeth ar eu hysbaid
Rhwng bryniau'r Sabiniaid ganrifoedd yn ôl;
Ond Sadwrn, Iau, ac oes aur y Baban,
Yn eu tro darfuan'; difethdod chwith
Ulw simneiau a'r geni ofer
A foddodd y sêr dan lysnafedd y dôl.

# III

Ar y cychwyn, nid felly y gwelsom ni'r peth:
Tybiem nad oedd ond y trai a'r llanw gwaredol, yr ansefydlogi
 darbodus
A fendithiai'n meistri fel rhan o'r ddeddf economaidd,
Y drefn wyddonol newydd a daflasai'r ddeddf naturiol
Fel Iau yn disodli Sadwrn, cynnydd dianterth bod.
A chredasom i'n meistri: rhoisom arnynt wisg offeiriadol,
Sbectol o gragen crwban a throwsus golff i bregethu,
I bregethu santeiddrwydd y swrplws di-waith ac ystwyth ragluniaeth
 prisoedd;
Ac undydd mewn saith, rhag torri ar ddefod gwrtais,
Offrymem awr i ddewiniaeth dlos y cynfyd
Ac yn hen Bantheonau'r tadau fe ganem salm.

Yna, ar Olympos, yn Wall Street, mil naw cant naw ar hugain,
Wrth eu tasg anfeidrol wyddonol o lywio proffidau ffawd,
Penderfynodd y duwiau, a'u traed yn y carped Aubusson
A'u ffroenau Hebreig yn ystadegau'r chwarter,
Ddod y dydd i brinhau credyd drwy fydysawd aur.

Ni wyddai duwiau diwedda' daear
Iddynt wallio fflodiardau ola'r byd;
Ni welsant y gwŷr yn gorymdeithio,
Y dyrnau cau a'r breichiau brochus,
Rheng ar ôl rheng drwy ingoedd Fienna,
Byddar gynddaredd ymdderu Munich,
Na llusg draed na llesg drydar gorymdaith
Cwsgrodwyr di-waith a'u hartaith hurt.

Ond bu; bu gwae mamau yn ubain,
Sŵn dynion fel sŵn cŵn yn cwyno,
A myrdd fyrdd yn ymhyrddio'n ddihyder
I'r ffos di-sêr a'r gorffwys di-sôn.
Pwyll llywiawdwyr y gwledydd, pallodd,
Bu hau daint dreigiau ar erwau Ewrop,
Aeth Bruening ymaith o'u berw wyniau
O grechwenau Bâle a'i hagr echwynwyr,
Rhuchion a rhython rhawt Genefa,
I'w fud hir ympryd a'i alltudiaeth,
A'r frau werinos, y demos dimai,
Epil drel milieist a'r *pool* pêl-droed,
Llanwodd ei bol â lluniau budrogion
Ac â phwdr usion y radio a'r wasg.

Ond duodd wybren tueddau Ebro,
Âi gwaed yn win i'n gwydiau newynog,
A rhewodd parlys ewyllys wall
Anabl gnafon Bâle a Genefa.
Gwelsom ein twyllo. Gwael siomiant ellyll
Yn madru'n diwedd oedd medr ein duwiau;
Cwympo a threisio campwaith rheswm
A'n delw ddihafal, dyn dihualau;
Crefydd ysblennydd meistri'r blaned,
Ffydd dyn mewn dyn, diffoddwyd hynny:
Nyni wynepglawr fawrion, – fesurwyr
Y sêr a'r heuliau fry,
Di-elw a fu'r daith,
Ofer pob afiaith,
Dilyw anobaith yw ein dylaith du.

A thros y don daw sŵn tanciau'n crynhoi.

*Saunders Lewis*

# Medi (1939)

'Roedd haul yr Hydref wrth ei waith
   Yn troi'r afalau gwyrdd yn goch
Pan glywyd ar wastadedd Pwyl
   Ofnadwy ru y fagnel groch.

Dyddiau'r cynhaeaf – amser dwyn
   Y cnwd o'r maes i'r ydlan glyd;
"Yr hyn a heuo dyn, yn siŵr,
   Yw'r hyn a fed efe, ryw bryd."

Ac yntau'r hen Fedelwr mawr,
   Yn cywain gwyllt gynhaeaf coch
Ynfydrwydd dyn o feysydd Pwyl,
   Ar alwad chwyrn y fagnel groch.

*I. D. Hooson*

# Hydref 1939

## (Tri Darlun)

### I

Bu'r haf yn llosgi'n hir,
bu'r haf yn llusgo'n hir cyn llosgi'n llwyr
bebyll gwyrdd y gwŷdd,
a chadw yr hen gyfamod â'r tymhorau.

Daeth dydd trueni'r dail!
Disgynnant yn winau gawod –
prae diniwed y pridd –
a chwyth y gwynt trwy'u hesgyrn crin.

A dyma'r diwedd du!
gwyll o gyni a gwae;
lle gynnau bu haf a heulwen,
gwlith a gwyrdd –
a hoen – mae henaint heno:
ac wedi'r ing daw'r angau.

### II

Daw dydd y'th oddiweddir dithau
gan holl fusgrellni oed;
pan sycha'r llwynau ir
a'r bronnau trwm,
pan ddaw arglwyddiaeth bêr y cnawd i ben.

Daw moment chwithig pan na chlywn sŵn dy chwerthin,
na gweld dy ddannedd gwynion mwy.
A bydd dy degwch,
pan ddaw hydref i'th wythiennau llosg,
fel breuddwyd pell a gofir wrth ddihuno.

### III

Mae'r dail yn gawod winau
ym mro Moselle, yn Warsaw a Saarlouise.

Cyfyd y ddrycin ddreng!
Clywir cyfarth trwm y gynnau mawr,
gwyllt besychu'r 'pom-pom',

a grwnian cecrus *Messer-Schmidt* a *Hurricane.*
Tyr y dymestl yr hamdden hwyr,
a disgyn ambell blân i'r pridd fel deilen grin.

Syrth y dail yn gawod winau,
daw'r hydref noeth i'w oed –
ni all na therfysgoedd daear
na chynllwynion dynion arafu tro'r tymhorau.

*W. H. Reese*

# Cyn y Storm

Mae'r cyfoethogion tewion yn gorfoleddu draw,
Yn lledu'n braf eu hwyliau i gipio'r gwynt a ddaw
      Cyn y storm.

Ar warau'r trefwyr syber fe bwysa'r syrthni'n hir,
Lled-gofiant am hen ddyddiau, llefant am awel ir
      Cyn y storm.

Mewn ofn y gwaedda'r tlodion: "Dwg rhyfel angau in!
Ragluniaeth, Arglwydd, Führer! Rhowch gysgod
rhag yr hin
      Cyn y storm!"

Fe ddaeth y storm a derfydd. Ti, fab y werin, clyw!
O cadw ac ymgeledda yr hyn a ddylai fyw
      Wedi'r storm!

*Kate Bosse-Griffiths*

# III

# *'Cartrefi'n Fflam, a Dynion yn eu Pangau'*

# 1941

Carlama meirch y gad ar draws y rhosydd
  A'u carnau'n suddo yn y gwaed a'r cnawd;
Dynion â'u nwydau'n pydru yn y ffosydd –
  Teganau i wallgofiaid, llid a ffawd.
Tanciau'n chwyrnellu, gynnau'n poeri angau,
  A chyfoeth gwlad ar hyd y llawr yn chwâl;
Cartrefi'n fflam, a dynion yn eu pangau
  Yn cuddio fel bwystfilod ar eu gwâl.
Dyrnaid o fawrion yn eu plasau'n llechu
  A'u gwin a'u chwerthin yn dihuno'u bost;
A gwerin yn y llaid a'r tân yn pechu
  Â'i chwys a'i gwaed a'i chlwyf yn talu'r gost.
Dyrnaid o ffyliaid wrth afwynau gwlad,
A'r dyrfa'n trengi dros eu haur a'u brad.

*T. E. Nicholas*

# 1941

Neithiwr, claddasom dy chwaer
   Yn y nos, a phob cloch yn fud;
A chofiem y gofid mawr
   A ddug megis barn dros y byd.

Darllenwyd ei thestament hir,
   Ger y bedd, â chrynedig lais –
Gadawai'r cyfan i ti,
   Yn ddryswch, a thrafferth, a thrais.

A gwyddem heb gyfri dim
   Iddi d'adael yn dlotach na thlawd;
Dyledion yw erwau'r stad
   A gefaist i gychwyn dy rawd.

Rhoes flwyddyn gyfan o sarn
   Cartrefi, gobeithion, a dyn
Yn eofn ar d'enw di,
   Heb dalu'r un hatling ei hun.

'Ddaw i ti fwyneidd-dra pwyll,
   Uwch testament gwastraff dy chwaer,
A chalon i arbed traul
   Eneidiau sy'n disgwyl mor daer?

Ai ei dilyn wnei dithau'n frwysg,
   A benthyca gweddill ei nerth,
A thalu dy ffordd â'n gwae,
   Ac â ffyrling eithaf ein gwerth?

*T. Eirug Davies*

## Y Goelcerth

Fel tân mewn ydlan lawn, a'r gwynt yn gry',
A thafod llid y fflam o das i das
Yn lleibio'r gwellt, a diymadferth lu
Heb ddim i'w dofi ond gwaddod ffynnon fas;

Ac fel eu hofer ddeisyf am decáu
O'r gwynt rhag ysu'r gwenith wrth y berth,
A dilyn honno wedyn ac amgáu
Y tai a'r annedd fyw â'r goddaith certh;

Felly'r aeth nwydau tân y drin dros fyd,
A chynnud iddo a roed i rwystro'i lam,
A thruan ddyn a'i gynaeafau drud,
Er pob rhyw gri, ar lwybr diwrthdro'r fflam;

Dduw nef! Ai'r uffern honno a wadwyd cyd
Sy'n cynnau bellach ar bentanau'r byd?

*T. Eirug Davies*

23

# Rhyfel

"Chwedl hen wrach; ffiloreg
  Yw'r 'pryf a'r fflamau syth';
Hunllef y sant yw uffern
  'A'r t'wllwch dudew byth'.

"Felly am nad oes uffern
  Gan Dduw ar gyfer dyn,
Ymrôf", medd dyn, "i lunio
  Uffern i mi fy hun."

A heddiw wele ddynion
  Yn ddiwyd wrth y gwaith,
A'r pryf a'r fflamau'n ysu
  Y cyfandiroedd maith.

*I. D. Hooson*

# Rhyfel

Mor rhyfedd gweled aradr a rhwd yn nychu'i min,
  A'r llwyni heb ôl cryman 'rôl llawer blwyddyn flin.
Nid oes na miri marchnad, na ffair fel cynt a fu,
  Pryderon sy'n heneiddio gwedd wynebau lu.

Ni chlywir sŵn ieuenctid yn chwerthin yn y stryd,
  Mae gorchudd ar ffenestri yn tystio'n ddwys a mud
Fod gwerin yn ei dagrau, dan bwysau trwm ei chroes;
  Yn rhyw ddiamcan grwydro yn nh'wllwch gwallgof oes.

Mae llid yn llenwi'r galon, a llym yw'r fidog ddur,
  Try rhiain leithiog lygaid at ddarlun ar y mur;
Mae'r gŵr fu'n gyrru'r aradr yn welw iawn ei wedd
  A'r llaw fu'n trin y cryman yn llonydd yn y bedd.

*James Ellis*

## Mewn Brwydr Nos

Syn bod y sêr di-sylw
   a chreulon wên y lloer
uwch cymaint adfyd heno'n
   tario mor bur, mor oer.

Rhag garw waedd y lleiddiad
   a'r briwgig yn y baw,
mor ddiwair ŷnt â'r Lefiad
   'fu'n rhodio o'r tu draw.

*Alun Llywelyn-Williams*

## Rhyfel

Heddiw, diddanwch yr hardd dyddynnod,
Yfory, dannedd yng ngyddfau'r dinod
A thaenu ar fythynnod - fflamau'r dur
Didostur yn rhu'r anfad eryrod,

Gan hoelio'r fam a'i chur dan falurion
Safnrhwth y bwth a fu'n llawn gobeithion,
A rhoi gwaed eu hergydion - hyd y bau,
A bwrw i'r muriau wynebau'r meirwon.

*T. Rowland Hughes*

## Y Ddawns Olaf

Ar Gyfandir Ewrop

Gwrando; mae'r band yn feddw
  A'r rhiddym ar goll o'r gân,
Chwaraewyr y ffliwtiau yn rowlio,
  Ac Unben y drwm ar dân.

Gwrando; mae'r gainc yn brysio,
  A'r ffliwtiau yn berwi gwaed,
Ac eco'r gwylltineb difesur
  Yn nhip-tap di-ildio traed.

Gwrando; mae'r band yn feddw,
  A'r Unben yn dyrnu'r drwm,
A'r dawnswyr, drueiniaid, yn syrthio,
  A'u gweddwon a'u plant yn llwm.

*Herman Jones*

## Hydref yn Ewrop

Mae'r hydref yng Nglyn Llifon
  A'r dail o dan ei draed;
Mae'r angau'n hy yn Ewrop
  A'i arswyd yn ein gwaed.

Difera'r mêl o'r diliau
  A syrth y cnau i'r llawr;
Difera gwin ieuenctid
  Ar faes y fedel fawr.

Fe gloes yr haf ei stori
  Cyn derbyn marwol glwy;
A dynion sydd yn syrthio
  Cyn traethu eu chwedlau hwy.

*Gwilym R. Jones*

# Tân

Ddiwrnod neu ddau yn ôl, lori oedd hwn
    Yn swancio arfbais enwog Adran Saith,
A llwyth o ddeg, pob un â'i bac a'i wn,
    Yn cellwair ganu er diddanu'r daith.
Dan fachlud hen nid oes o'r hyn a fu
    Ond siâp ar bedair olwyn, 'rheini'n noeth,
A chamwfflas huddyglog, hyll o ddu,
    Fel mwrnin am ysglyfaeth fflamau poeth.
Ond mae 'ma fynwent hefyd: naw bedd bas.
    Oni ddifawyd deg? Pa le mae'r un
A drodd yn secston, a chyhoeddi 'Gras
    Ein Harglwydd' ar ei ben ei hun?
Dduw mawr, gwna le'n dy nefoedd i'r naw hyn
A gafodd uffern cyn mynd trwy y glyn.

*Selyf Roberts*


# Chwilio'r Tir

Ieuanc a gerdda heddiw'r siwrnai gaeth
drwy'r gors fradwrus, y goedwig fygythiol;
mae'r tir yn ddieithr, er profi o'r tad
yr un daith chwerw, 'run alwad ragrithiol.

Estyn y bysedd ymofyngar swil:
dan gysgod y llen mwg, cilgyffwrdd dro
â godre doe – a chofio'r awel bur
cyn cau'r ffenestri a rhoi'r haul dan glo.

Y gerdd a fu, nis cenir mwy, byth mwy,
uwch crud y baban ac ym miri'r llanc;
fe'i boddwyd gan ffinale'r gytgan ddur,
cyrch gethin yr awyren, rhuthr y tanc.

*Alun Llywelyn-Williams*

## Dinistr

Yn hendre'r haul a'r awel
  Dan fin y fwyall fain
Fe syrth y pinwydd tawel
  Yn llonydd ar y llain.
Odid hyd lethrau'r Aran
  Na chlywir ambell awr
Fel dirfawr drwst y daran
  Eco'r dymchweliad mawr.

Fel hyn bryd hyn y syrth
  Colofnau'r byd achlân,
Y muriau oll a'r pyrth
  Yn y dinasoedd glân;
Liw nos daw trymru sinistr
  I encilfeydd y nef,
Ac wele, gwae a dinistr
  Ar lydan lawr y dref.

O dan y du amhariad
  Diflannant oll cyn hir,
Ffrwythau llafurus gariad
  Yr addfwyn yn y tir.
Ffarwél, geinderau tirion,
  Ni phery rhin y rhain
Mwy na'r colofnau hirion
  Dan fin y fwyall fain.

*R. Meirion Roberts*

*R. Meirion Roberts yn ei wisg filwrol.*

29

# Myfyrdodau Wilhelm Gunther

(Detholiad)

Gwelais ym Mhwyl,
yn oriau eirias y dur diedifar,
yn nhymestl y cenhedloedd,
gyrff di-gist ein hieuenctid ar y meysydd,
a'r peiriannau anwar yn ymgreinio yn eu gwaed.

Cofiaf am ryddhau cŵn angau wedi nos
ar ddinasoedd diamddiffyn,
ninnau'n herio cyfarth tila'r flak;
a thanbeidrwydd rhyw ferch yn Warsaw,
a phump ohonom – dewrion y croesau haearn –
yn rhwygo'i gwyryfdod dan chwerthin,
pob un yn ei dro,
a'i thaflu fel cerpyn i gornel;
hithau yn ei phoen a'i gofid yn gweiddi –
"Y moch! PWYL, BYDD FYW!"
A throed yn ei thalcen a'i distawodd mwy.

Cofiaf weld y beichiog a'r plant
yn dianc o'r dinasoedd,
ninnau'n chwarae mig â hwy rhwng y cymylau,
cyn rhyddhau cawodydd llosg ein bwledi arnynt;
a'u hel yn yrroedd fel defaid,
i'r tanciau eu llarpio fel pac o lewpardiaid.
COFIWCH AM JOACHIM, NA DDAETH YN ÔL.

*W. H. Reese*

# Dieppe
## 1942

Am ddwy flynedd faith,
â diogelwch dyfrllyd y sianel rhyngom i'n darbwyllo,
bu dygn ddarogan dig a darparu dinistr;
a'r awyr yn llawn o ddur llygadrwth,
o ofnau a dychrynfeydd.
Bu ysgyrnygu dannedd,
a phoeri llysnafedd ar draws y clogwyni gwynion;
fel dwy hen gath –
pendefigesau milain eu llinach –
yn tindroi'n araf a rhythu,
gwegian a gwingo,
aros a herio,
cyn saethu o'r bawen a tharo,
a throi o'r blewyn eilwaith i gaerau'r tylwyth,
i ymlawenhau yn eu cur a'u hofer ddoluriau.

Mae teirmil diofid ar draethau Dieppe,
o wŷr dibryder iraidd;
angau a'u cipiodd o'r rhengoedd,
a dofwyd eu nwyd a'u hieuanc freuddwydion.
Ni aned undyn eto
a fu, o'i herio, yn barod i farw.
Gorfu ar y rhain hogi arfau,
i ymladd a lladd y llu
a gâr gaethiwo'r gwirion,
a rhoi'n aberth genedl dan chwerthin.

O Dduw, dyro iddynt
yn y bedd o'th drugaredd Di.

*W. H. Reese*

31

*Lluniau a dynnwyd ym mrwydr Dieppe, 1942, gan Almaenwyr.*

# Cymru a'r Rhyfel

Di, denant yn yr uffern estron, wasanaethferch yr angau aliwn,
A'th feibion yn gaethgludion mewn llynges, sgwadron a bataliwn,
Ond cyfyd eu pwyll a'u hiwmor, eu hemynau a'u gwir wladgarwch
Uwch brad a bryntni d'orthrechwyr, mochyndra eu Mamongarwch.

Gwisgid dy dir â bratiau fel herwr di-raen a dryslyd,
Nid yn ei drowser ribog, brown a'i smoc a'i grys gwlanen chwyslyd,
A lle bu crefft dyn ac anifail, diwylliant yr aradr union,
Y mae ffair y ffugliw erodromau, peiriannau lle bu'r pererinion.

Dy weithwyr a'th grots, a fu'n pydru ar groesffyrdd, pontydd a
    chornelau,
A fwrir i'r pocedi pell heddiw fel biliard belau,
A'r merched yn y ffatrïoedd yn torri bedd i'r gelyn,
A lle bu'r paent a'r powdrach gedy'r powdr ei welwliw melyn.

Diwydra'r fallgyrch dy ffenestri a diastellu dy ddorau,
Di-doi capel ac eglwys a bomio'r groes a'r allorau;
Ehangle o ddiffeithwch llosg yw calon un o'th drefi,
A chyrff ei thrigolion yn stecs rhwng plastr a briciau'u cartrefi.

Morwyn yng nghegin y Cesar yw Sulamees Ei arfog wely,
Trosglwyddo cwpan y Cymun i ddal meddwdod ei boteli,
Gwlad Dewi Sant a Theilo, Pantycelyn a Sant Tathan
Wedi ei chlymu yn dynn rhwng dwy ffolen y Lefiathan.

Yr hyn a wnânt i ni a wnaethant gynt i'n tadau,
Y gweithwyr a'r tenantiaid, y tywysogion a'r abadau,
Yr un hen ormes a thrais, yr un ystryw a'r un triciau,
Addo a thwyllo a gwyro barn; dyrnod, bonclust, ciciau.

'Roedd dy wreiddiau di yn y tir cyn gwawr y cyntaf Nadolig,
Cyn rhuthro o'r barbariaid Sacsonaidd i wlad o eglwysi catholig,
Ac er i ystormydd o elynion ddifa dy lysoedd a'th drefi,
Ni choncrwyd ardderchowgrwydd enwau dy Lannau a'th gantrefi.

Datodwyd gwregys dy forwyndod gan y Tuduraidd buteindra,
Ac ysigo dy fronnau pendefigaidd â phwysau tynn ei fileindra,
A thithau ar wely dy warth yn adrodd o'r Beibl adnodau,
A salm ac emyn yn hybu cywilydd dy holl aelodau.

Ond cedwaist ryw wawr o ddiweirdeb, rhyw lygedyn bach o lendid,
A brithgo am dy harddwch a'th urddas ynghanol dy wae a'th wendid;
Fe chwythwn y llygedyn yn dân, a meginwn y tân yn ffaglau,
Ac fe sgrwbiwn dy gorff yn wyn, ei dom, ei fiswail a'i gaglau.

Fe awn er dy fwyn yn ferthyron y tu ôl i farrau'r carchardy,
A disgyn i hanner tywyllwch di-fwyd, diddiod y daeardy,
Ac fe gawn sgwrs â gwallgofrwydd, yr unig ffrind yn y celloedd,
Ac ysgwyd llaw â marwolaeth a'i dilyn i un o'i stafelloedd.

*Gwenallt*

# IV

# 'Ble'r Ei Di
# Lanc o Filwr?'

## Y Milwr

"Ble'r ei di, lanc o filwr,
   Mor hoyw a hy dy fron?"
"Af dros y môr a'i donnau
   Ymhell o'r ynys hon."

"Pa gyfaill a roes iti
   Dy siwt o frethyn lliw?"
"Mi a'i cefais gan y gorau
   A welais yn fy myw."

"Pa anrheg a gest ganddo,
   Dy gyfaill newydd hwn?"
"Mi a gefais ganddo'n anrheg
   Y fidog fain a'r gwn."

"Beth wnei pan ddelych yno
   I'r fro bellennig draw?"
"Mi a af i gwrdd â'r gelyn
   Â'r fidog yn fy llaw."

"Ffarwél, fy milwr tirion,
   Mor hoyw a hy dy fron,
Mae'r Angau Bach yn chwarae
   Ar aelwyd fwyn Llan Onn."

*R. Meirion Roberts*

*Elwyn Evans yn ei wisg filwrol.*

## Recriwt

Mae'r lloer fel darn o gwmwl gwyn
   Gan lased ydyw'r dydd
A'r wawr yn ddisglair fel yr oedd
   Pan own i'n fachgen rhydd.

Mae llefain y gwylanod fry
   Cyn drısted ag erioed,
Ond ni chaf wylio'u taith i'r môr
   Na syflyd llaw na throed.

Daw'r capten atom yn y man
   A thaflu ambell air
Mor ddidaro â phe baem
   Greaduriaid yn y ffair.

Dduw, na bawn i yn ôl yn nhre
   Yn syllu ar doriad dydd,
Nid sefyll fel anifail caeth
   I gadw 'ngwlad yn rhydd.

*Elwyn Evans*

36

## 'A yw eich Taith yn Hollol Angenrheidiol?'

Amheuaf yn fawr, arholwr llym.
Ac eto ...
Heibio'r pentyrrau celaneddau
a'r llwythau anwireddau
y ffrydiau gwaed a'r creigiau bombast
y trefi sarn a'r darnau ysgerbydau;
trwy garthffos y cynnydd deugain-y-cant
mewn clefydau gwenerol;
drwy'r fforestydd twyll
stormydd tywod y Weinyddiaeth Hysbysebu
(llwch y 'Byd Newydd' yn ein llygaid)
trwy fiswail addewidion cyfalafwyr
gydag arian a chwant yn uchel
a bwyd a serch yn isel;
trwy'r rhesi plant hen-wynebog
a hunllef sgrech y ffatrïoedd
a'r plenau fry yn ysgyrnygu tân;
y ffordd hon yr awn,
ffordd y gwaed a'r chwys a'r dagrau
a Duw a ŵyr i b'le.
Fy nhro i ydyw gofyn:
*A ydyw'r daith yn hollol angenrheidiol?*

*J. Gwyn Griffiths*

## Twmi

### 1940

Cymylog ac oriog fore;
  Gwyllt a thymhestlog brynhawn;
Hwyrddydd digwmwl, a'r gorwel
  O ysblander y machlud yn llawn:

Y bore, segurwr y pentre;
  Brynhawn, afradlon y fro;
Yr hwyr, dan ogoniant y machlud
  Ger Dunkirk y ciliodd efô.

*I. D. Hooson*

# Ger Ynysoedd Cape Verde: 1941

Cynnwrf y confoi,
　Fflam ar ddŵr,
A'r llongau tanfor
　Yn bac di-stŵr.

Chwâl y gyflafan
　Donnau ar daith:
Daeth Armagedon
　Y ffydd yn ffaith.

Badau'n ysgyrion,
　Yna môr mewn hedd,
A mwy na'r machlud
　Yn waed i'w wedd.

*O. Trevor Roberts*

## Porthladd Aden: 1942

Sydyn y codai'r graig o'r eigion marw
  A gwelais dir a oedd mor farw â'r môr –
Melltigaid dir yr heresïarch garw,
  A phob rhyfeddod dieflig ynddo'n stôr.
Teimlais yr ias, ond mil mwy rhyfedd im
  Oedd edrych ar y bechgyn ar y bwrdd,
Y bechgyn tawel na ryfeddent ddim,
  Bechgyn y Ddawns Nos Sadwrn a'r Tŷ Cwrdd.
Gadawodd 'rhain eu gwlad pan ddaeth y wŷs
  A thramwy traean byd heb ddeall pam,
Ac nid oes iddynt ond diferu chwys,
  Panso sgrifennu at bell wraig neu fam,
Adrodd storïau, chware'r organ geg,
Rhoi i bob brawddeg wyry ei phriod reg.

*Elwyn Evans*

*Elwyn Evans (ar y chwith) gyda dau gyfaill mewn pabell gerllaw Baghdad.*

# Popski

Ei dric oedd llithro, heb na siw na miw,
  O'i guddfan gêl rywbryd rhwng gwyll a gwawr;
Camelion oedd a allai newid lliw
  Ei wisg i ffitio'r dasg, a'r lle, a'r awr.
Ddoe, Bedwin cefnog ar ei gamel llwyd
  Yn hwmpian deithio ansiartedig wlad;
Heddiw, yn Arab yn begera bwyd
  Yng ngwersyll Rommel, hwnt i faes y gad.
Heno ffrwydrodd y das o ganiau oel
  Yn shrapnel gludiog dros y Jerries clyd,
A'r Arab, wedi ffoi i'r anial moel,
  Yn gwrando'r glec a gwylio'r cwmwl mud.
Yna yn ôl i'w wâl dan lwydni'r hwyr –
I daro eto drannoeth? Pwy a ŵyr.

[Ganwyd Popski yng Ngwlad Belg, o rieni Rwsiaidd.
Bu'n ddraenen yn ystlys Rommel am hydion, gyda
charfan fach o filwyr o'r un anian ag ef ei hun. Gwrth-
odwyd iddo ymuno ag unedau cudd y Fyddin Bryd-
einig yng Ngogledd Affrica am ei fod yn mentro
gormod. Ceir hanes amdano'n cerdded trwy reng-
oedd yr Afrika Korps yng ngwisg un o'u swyddog-
ion, a chael ei saliwtio bob cam!]

*Selyf Roberts*

## Gwroniaid Arnhem

Y bagad beichus yn disgyn dro
  Ar Arnhem, un Sul, o'r plenau
Gan ymsefydlu ynghanol bro
  Is-Almaen ar lain fach denau.

Disgyn, â'u ffurfiau yn eglur nod
  I'r poer o fagnelau'r gelyn;
Disgyn yn fyw ac yn feirw, â'u clod
  Yn euraid ar dant ein telyn.

O'r bagad beichus, aeth rhai ymhell
  I dir y diaddurn groesau;
Mae'r gweddill byw mewn carchar a chell
  Yn rhegi gwareiddiad oesau.

Clodforer y meirw! Maent dan y gwlith
  Yng ngwynfyd eu maith fyddardod.
Daw'r byw anafus yn ôl i'n plith
  I hercian heolydd cardod.

*J. Eirian Davies*

# I Filwr

Tithau a aethost weithian
   I ganol yr arfau dur,
Cei wybod hiraeth anniflan,
   Cei oddef caethiwed a chur:
Yng nghanol peryglon tân a lli
Gweddïaf am nawdd i'th fywyd di.

Wrth fentro ar gyrchoedd erchyll
   Drwy awyr, dros fôr, ar dir;
Wrth orffwys yn noddfa'r gwersyll,
   Wrth brofi'r diflastod hir;
Rhag pob temtasiwn gweddïaf fi
Am nawdd anfeidrol i'th enaid di.

Cofia lechweddau Arfon,
   Ei chrefydd, ei hiaith, a'i chân;
Mae yno weddïo cyson
   Am nawdd i'r hogiau glân:
Er crwydro ar chwâl, nac aed o'th go'
Yr hiraeth amdanat sydd yn y fro.

Cofia d'anwyliaid hiraethus;
   Cyn hir daw dyddiau o hedd;
Cofia'r Gwaredwr ieuanc
   A goncrodd y groes a'r bedd:
Er maint gofidiau y fagddu fawr,
Cofia dy Dduw, a disgwyl y wawr.

*R. Bryn Williams*

# Y Milwr, 1944

Bu'n rhynnu yn oerfel y gogledd
A llosgi ar dywod y de
O gredu bod baner ei ryddid
Yn un o lumanau'r ne'.

Fe genir ei gorn pan ddychwelo
I'w henfro o feysydd y gad,
Ond tybed a drig wedi'r dathlu
Yn dlotyn di-waith fel ei dad?

*Idwal Lloyd*

41

# Dunkirk

Nid oes awgrym o nef y Mehefin
   hwn; mae'r tywydd yn wyrth
   o liw a phersawr
   ar bob llaw,
   ond mae'r gerddi a'u blodau fel torchau trist
   yn barod i guddio'u meirwon.

A bydd yr ymgiliad
   fel dalfa o bysgod
   pan dynnir y meirwon o'r môr …

Huws bach Pesta,
   ti â'th gyfoeth o englynion,
   rhatach wyt na'r pysg
   yn rhwyd lawn yr heldrin hwn.

*Rhydwen Williams*

# V

## *'Cysur yn Amser Rhyfel'*

## Cysur yn Amser Rhyfel

Na lwfwrhawn, eneidiau trist,
   Ym more'r byd yr ŷm yn byw –
Y bore bach, awr bylgain Crist –
   A maith yw'r daith i ddinas Duw.

O'n hôl mae du, anochel nos
   O'n blaen y mae anochel gur,
Ac nid oes gysgod ar y rhos
   Na ffordd, ond ffordd i'r glewaf gwŷr.

Fe welsom uchel obaith dyn
   Fel llusern bapur yn y gwynt,
A throes y doeth i'w gell ei hun
   Am rin y gwin o'r dyddiau gynt.

Ymlawenhawn, eneidiau trist,
   Ym more'r byd yr ŷm yn byw –
Y bore bach, awr bylgain Crist –
   A maith yw'r daith i ddinas Duw.

*Gwilym R. Jones*

## Yr Unfed Awr ar Ddeg
(Fy ateb i gais am bennill ar gyfer un o ddathliadau'r Cadoediad)

Na ato Duw i neb farddoni
   Ing y pedair blynedd hir,
A rhoi mentyll ei ramantau
   Dros ysgwyddau'r ffiaidd wir;
Os am gofio, cofiwn gofio'r
   Cyfan oll yn llaid a gwaed,
A phob hawddgarwch ac anwyldeb
   Wedi'u mathru'n faw dan draed.

Yr unig beth all gofio'r marw
   Yw dagrau hallt ar ruddiau'r byw,
A churo dwyfron edifeiriol
   A gweiddi am drugaredd Duw:
Os ceir ymbil yn lle ymffrost
   A phader yn lle llw a rheg,
Pwy a ŵyr
Na all Ef ein hachub eto
   Ar yr unfed awr ar ddeg?

*Wil Ifan*

44

# Haf Bach Mihangel 1941

Gwanwyn ni bu, a phrin fu fflach yr haul
Ar lathrwib las y wennol dan y bont;
Eginai'r grawn fis Awst yn y dywysen
Gan yr haf gwlybyrog, mwll:
Gwragedd a'u clustiau 'nghlwm wrth lais mewn blwch,
A'r post mor araf-deg o'r Aifft, o Singapôr,
"Mae lladd ofnadwy yn Rwisa, 'ddyliwn i,"
A'r glaw fel pryder yn disgyn ddydd ar ôl dydd
Ar warrau'n dweud eu gofid yn gynt na'r geiriau;
Dyna fu'r rhyfel yn ein pentref ni,
Düwch taranau yn troi ac yn troi
O'n cwmpas ac uwchben, mur yn dynesu,
Gan ruo ac ymgrynhoi a dal ei fellt;
Ac, ar y pentan, llais mewn blwch yn brolio,
A'r postmon yn oedi ei stori o ddrws i ddrws
A'r enwau cynefin, Caerdydd … Abertawe … Y De,
Dychryn diystyr yn oedi; wynebau, tafodau, estron;
Nid oes neb yn dweud ei feddwl, nid oes neb
Yn meddwl; brolia'r llais yn y blwch
Ein llynges *ni*, ein llu awyr *ni*,
A ninnau'n amheus gredu mai ni yw ni,
A mynd fel rhai dan hud i'r clos a'r cae
Lle y clyw ein dwylo gysur hen bethau siŵr
Yn y glaw fis Awst.

Ond troes y gwynt. Daeth niwl yn y bore bach
A'i chwalu gan haul brenhinol a di-frys,
Eang brynhawn a machlud dan faneri,
A'r Haeddel Fawr fel gwregys ar wasg nos;
Llwythwyd y gambo yn y caeau llafur,
Ac yn y berllan, rhwng afalau gwyrdd,
Pefriai diferion gwlith ar y gwawn llonydd;
Cododd Mihangel inni fryn iachâd,
Llannerch o des a balm yn niwedd Medi,
Cyn y gaeaf, cyn y prawf, cyn chwyrnellu'r nos,
Cyn codi angor a hwylio fel Wlysses
Heibio i'r penrhyn ola' ar dir y byw:
"Frodyr, na omeddwch chwaith y profiad hwn
I'r ysbaid, O mor fer, sydd eto'n aros
Inni weld a phrofi o wych a gwael y byd,"

A throes ei long tua'r anhysbys sêr …
A gwelodd Dante ef gyda Diomed.

Fihangel, sy'n caru'r bryniau, gweddïa dros Gymru,
Fihangel, gyfaill y cleifion, cofia ni.

*Saunders Lewis*


## *Mae Rhyfel yn Cyflymu Afon Bywyd*

Mae Rhyfel yn cyflymu afon bywyd.
Mae'n tynnu'r gewynnau llac,
yn teneuo'r boliog,
yn cymell Heddiw ar gariadon,
yn rhoi ysgytwad i'r boblach bwrdais
sydd am ohirio gwres eu nwyd
hyd ddydd gras Mamon,
yn pigo balŵn y sicrwydd ariannog.
Ddadrithiwr hy fel dychryn Dies Irae!
Ydyw, mae Rhyfel yn cyflymu afon bywyd.
Ond jiaist-i! Mor bêr eto
fyddai cael oedi rhwng dolydd
a chusanu'r feillionnen honno yn ei phlyg uwch y dŵr
a sugno suddau'r ddaear las
a dirnad cyfrinion bod, ac ymdaflu i floedd rhaeadrau,
a bod yn llonydd yn hir
yn y dyfroedd tawel.
Y mae treisiwr a ddaeth i lanw bru dynoliaeth,
ac ni ddaw ond angau ddydd yr esgor.
Adnewyddwr dreng!
Mae Rhyfel yn cyflymu afon bywyd
i'w hyrddio i'r môr –
môr y diddymdra di-nirfana.

*Nefydd Owen*

46

## Y Gwrth-gyrch

Wedi clirio'r goedwig hon, chwilio'n ochelgar
bob perth ddiniwed a phob llannerch ddel,
ymgripio o bren i bren rhag ofn dichellgar
gynllwyn gelynol yr ymguddiwr ffel;
wedi concro'r strydoedd briw, mathru aelwydydd
glandeg gynt, ysbeilio'u stafelloedd tlws,
wedi mentro brath y bwledi'n tolcio'r parwydydd,
a chyfarfod â'r Angau'n syn ar hiniog y drws;
yna, pan dariwn dro, gan syllu'n flin
ar olion diffrwyth gwae'r gyflafan chwerw,
daw arnom gad enbytach, tostach trin
â'r gras sy'n oeri gwaed y galon ferw.
Danseiliwr gwael, llechwraidd; yn erbyn hwn,
ni thycia tanc, na bom, nac ergyd gwn.

*Alun Llywelyn-Williams*

*Alun Llywelyn-Williams gyda'i briod Alis a'i ferch Eryl yn faban – seibiant o'r Fyddin adeg y Rhyfel.*

## Y Byd a'n Blina

Y byd a'n blina, bydd farw'i friw,
ar demlau'r pensaer, bydd gyfan eto'r rhwyg;
felly y dysgaist, Gymru, gan y proffwydi,
pan oedd y nef yn amlwg o fryn Nebo;
ac wele'r awron, ar sancteiddiaf dir y saint,
halog a didrugaredd ffeuau'r blaidd,
a gwelw'r iaith, a'r emyn, yntau'n glaf.

Gwae ni o'th adfyd –
dy gyfran fechan, fawr yng nghilwg diafl.
A glyw' di'r ochain hefyd heddiw
draw ar dyner erwau'r gwin,
a sang y bwystfil ar y gwastadeddau gwyw,
a'i anllad loddest yn ystlysau'r môr?

Felly y daw'r erlidiwr ar y praidd;
y prawf a'th nertha, a'r dinistr dros dro.
Bydd anorchfygol fyw, a'r wers yn wir.

*Alun Llywelyn-Williams*

## Ar Bromenâd
### (Ebrill 1942)

Yfory neu'i drannoeth, neu'i dradwy fe dyrr yr ystorm …
Ond oni ddaeth Ebrill i'r tir a'i ddigrifwch di-feth?
Diogwn ar seddau'n yr haul, edrychwn, heb weled, i'r Bae.
Allan â'r baco a'r siocled - anghofiwn gwpon a threth.

Sonia'r claf o'r parlys o'i gadair a'i lygaid yn llonni
Am ffrindiau ieuenctid a'r mynych bencawna ym Mharis a wnaent:
Gerllaw mae gwraig ryfel ugain a'i goleuwallt newydd ei donni
Yn trafod ffasiynau dillad, ac yn groch gan bowdwr a phaent.

Mae'r plantos a'u cŵn ysmala yn rhwyfus ymlid y pelau;
Croesa cath ddu o'n blaen - siriola wynebau pob sedd;
A'r bechgyn llwydion a gleision ni chlywant na dadwrdd magnelau
Na grwn awyrblanau na gwawch un swyddog caled ei wedd.

Ar y traeth mae torheulog ddeuoedd a lliwgar yw'r llwybrau i Glarach.
A'r brithwallt a'r penfoel sy'n gwylio yn ffel ac atgofus iawn.
Daw canu o'r lletu o'n hôl - hen gerddi amseroedd hawddgarach;
A ffynnon yr hufen rhew nid yw eisoes ond chwarter llawn.

Mae'r Japaneaid yn ymdaith ym Mirma a moroedd y Dwyrain –
Ond mae hynny ymhell, ac fe ddelia Roosevelt â'r gweilch yn ei bryd;
Mae pennod gan Hitler yn Rwsia - rhodder i Stalin arwyrain!–
A chofier fod bomiau Prydain yn taro'r Almaen o hyd.

Mae'r mab yn anialwch Cyrene neu ar ffrwydrus dueddau Iwerydd,
Neu'n hedeg uwch mosgiau Irác, ond dwed y daw'r diwedd cyn hir.
A da fu'r ddisgyblaeth i'r ferch na chafodd na ffrwyn na cherydd –
Fe dorrodd y garw bellach - mae hi'n llond ei chroen yn wir.

Ymhyfrydwn yng nghoch a fioled ymachlud Bae Ceredigion!
Mwynhawn ein segura cyntentus a phleserau bychain ein tre!
Beth bynnag a ddaw, byddwn ni o nifer y gwaredigion;
Ac ni bydd rhyfela yma. Ac os bydd, wel dyna fe.

Yfory neu'i drannoeth neu'i dradwy fe dyrr yr ystorm,
A thros bum cyfandir fe estyn ei chysgod llaes.
Beth ydym? Ai stoiciaid a heria bob dirdra a'n deil?
Ai crinwellt goraeddfed i'r bladur ar ŵyr yn y maes?

*E. Prosser Rhys*

49

## Yma'n y Meysydd Tawel

Yma'n y meysydd tawel
dan awyr denau'r gaeaf glas,
ar dreigl yr awel iach trwy'r brigau duon
mae'r ofn yn symud, a chysgod y gyflafan.

Ym mhryder dy lygaid, f'anwylyd,
yn sŵn dy chwerthin isel di,
a thaer gofleidio dy freichiau hiraethus,
mae'r angau disymwth yn sibrwd, ac unig y galon.

'Waeth heb ddigio wrth yr ymyrraeth,
wrth ruthr peiriannau'r rhyfel;
mae'r gymdeithas lygredig yn darfod, yn darfod,
a'r cyfeiliant yw'r gwae a'r gofid, a'r olaf ochenaid.

Ond pan ddaw'r hedd heb ofn yn ôl
i goed y Fro, i'r tai gwyn tawel,
a chodi'r ddinas lanach wedi hyn,
bydd deuddyn dieithr i'n hen gartref ni.

*Alun Llywelyn-Williams*

## Ar Brynhawn o Haf 1942

Haul melyn, a lledrith ei des ar y wlad,
Yn saethu areulder at donnau a bad.

Y wennol a'r gwcw yn ôl dros y lli,
A mwyeilch yn taro dyrïau di-ri.

Pob maes dan ei flodau, pob pren dan ei ddail,
A'r ddaear yn wres ac yn gyffro i'w sail.

Oedi rhwng bryniau Llyn Eiddwen ar hynt,
A llus a llugaeron ym mhobman fel cynt.

Dyna dwrw magnelau o benrhyn y de
A haid o awyrblanau yn gwanu'r ne.

Ond beth os yw Rhyfel ar gerdded chwim?
Ni ddryswyd hen bendil y Cread ddim.

*E. Prosser Rhys*

## Y Dyddiau Du 1940-1945

Nid yw dial yn talu, – nid yw brad
　A briw yn heddychu;
Y cledd nid yw yn claddu
Erchyllterau dyddiau du.

Aileni ein gelynion – a ninnau
　I ddaioni Cristion:
Hyn yn unig sydd ddigon
I roi hedd i'r ddaear hon.

*Ithel Williams*

## Dociau

Breichiau craeniau crog,
Gyddfau tipiau tal, –
Clymau cymundeb cenhedloedd
Cyn i'r drin eu dal.

Mynd a dyfod o'r pedwar gwynt,
Howldiau a'u llwythog stôr;
Ond blynyddoedd mudandod a ddaeth,
Drylliwyd cadwyni môr.

O goediog ogledd-dir Norwy
Persawrus y pîn;
O Sbaen, yr Eidal, Brasil
Ffrwythau i'n geneuau fel gwin.

Trannoeth, trwst y tryciau
Tua'u llwyfan uwch y llawr,
A'r gawod ddwst ar yr awel
Wedi'r codwm mawr.

Gwn ar bob dec,
Colyn cad;
I darddle hamdden y gwmnïaeth a fu
Daeth brwdaniaeth brad ...

Ciliodd blynyddoedd mudandod, eto
Daw'r llwyd bererinion i'w hynt
I gynnig ail-wau dros fôr
Batrwm y gyfathrach gynt.

*J. M. Edwards*

# Llygaid

Gwelais y nos yn disgyn
  yn fregus dros y fro;
gwelais y nos yn disgyn –
  goleuni'r dydd dan glo!

Heidiau wynebau dinam
  drwy'r t'wllwch yn ymwáu;
babel o leisiau helbulus,
  caddug amdanynt yn cau.

Un groten groenddu yno,
  llygaid fel dwy seren fawr,
yn farn ar yr Armagedon
  a derfysgai ddaear lawr.

Gwelais y nos yn disgyn
  yn fregus dros y fro;
gwelais yfory'n y fantol –
  pâr o lygaid ar ffo!

*Rhydwen Williams*

# Y Ffoadur

Ofnus dy gerdded di, a hanner brysiog,
Y stacan boliog, cwpsog, cam dy drwyn,
Yr aur yn gramen ar dy fysedd tlysiog,
A'r gwallt galarus dros dy lygaid mwyn,
Heno'n stiffaglan yma ar y rhandir
A'i dyle serth o'r Bryn i Ben-y-cae,
Pell ydyw moeth a braster y cyfandir
A wyddit yn Fienna cyn y gwae.
A dyma tithau eto er ddisberod
Fel hen gyndeidiau dy drallodus ach,
Atynt i'r domen, dan ysgubell Herod,
Y'th fwriwyd fel amddifad ddeilen fach.
Ond chwilia'r dom a'i drewdod budr a'i chlefyd,
Yno yn rhywle mae'r Meseia hefyd.

*J. Eirian Davies*

52

## Baled y Drychiolaethau

Canodd y gloch ar gilddor serch
   y caffe olaf ar ddi-hun;
'Dyro i mi i yfed, ferch,
   o'r cwrw chwerwaf un.

Glas yw dy lygaid dan dy ael
   a chain yw chwydd dy fron,
dyro o'th deg dosturi'n hael
   ennaint i'r galon hon.'

'Ond yn dy lygaid di mae braw,
   gan loes mae d'ael yn dynn;
wrth wasgu'r gwydr sy'n dy law
   mae blaen pob bys yn wyn.'

'Mi welais ddarnio bachgen glân;
   o'r byw, lle bu, ni chaed
dim ond malurion cnawd ar dân
   gan ffrydiau'r ffynnon waed.

Pa fendith rasol a fu'n nod
   dyfais rhyw wyddon ffraeth?
Gwarthruddo'r corff, a difa bod,
   ag un disyfyd saeth?'

'Mi welais innau ddifa llanc,
   a'm gŵr fy hunan oedd;
daethant liw nos i dreisio'i dranc
   a'i gwympo yn fy ngŵydd.

'Rwy'n cofio gweld yn ei lygaid o
   cyn iddyn' lwydo'n ddreng,
syndod yn gyrru'r ofn ar ffo,
   hiraeth yn herio'r ing.'

'Tithau hefyd, weddw'r stryd?
   Cymrodyr ŷm mewn poen.
Dyma gyfrinach drista'r byd;
   a'i rhannu hi yw'n hoen.

*Alun Llywelyn-Williams*

53

## Nyrs ym Menghazi

Pan oedd y gwaed yn wan,
rhy wan
i deleffonio'r boen
i stafell fy ymennydd,
a milwyr-nyrsus catrodedig Mussolini
yn chwarae chwist llechwraidd,
gyda'r nos ar flaenau'i thraed
daeth hi,
a phlygu
yn wyn i gyd uwchben fy ngwely,
yn agos, agos.
Adwaenais hon,
hon a ddaeth o Edom
yn ei gŵn gwyn
o hyfryd liain main,
a'r groes
dros chwydd ei bronnau
unlliw â sgarlad y diferion gwaed
ar bigau'r goron ddrain.
Gwenodd.
Gosododd law oeraidd,
anwylaidd oeraidd, ar fy nhâl.
Cysgais
cyn iddi ei thynnu ymaith.

*Selyf Roberts*

## Yn yr Ysbyty

(Leuven, Gwlad Belg)

Cadarn gwahanfur atgof rhwng pob gwely twt:
diadwy'r clawdd,
a dwfn o gylch pob enaid unig
yw'r anweledig ffosydd.

Gwir yw, yma'n ddi-wahân,
i bob carcharor claf
cyfarch â gwên sydd raid, a tharo sgwrs,
trafod y modd y twyllwyd angau dro;
darllen drachefn yr unrhyw lyfrau prin,
diflasu ar yr hen gylchgronau,
cydwylio'n ddiog drwy'r ffenestri mud
ryfedd amrywiaeth nefoedd, fore, nawn, a hwyr.

Cydwylio'r llun allanol;
ond i bob gwyliwr syn
gan ddawns pelydrau'r haul
ar ymdaith gain, fawreddog y cymylau,
datguddir eto ffynhonnau'i fyd ei hun.
Gwelais, do, myfi yn unig,
megis cyn gosod arnaf yr alltudiaeth lwyd,
yr haul ar ystlys hir Cefn Llwch
a chwarae'r gwynt ym mrigau'r gwelltglas,
mân law nos Sadwrn ar heolydd du
pentrefi'r glo,
a blodau'r gwanwyn ar goed Pen-y-dre.

*Alun Llywelyn-Williams*

## Llyfrgell Ysbyty

(I filwr ifanc iawn o Sais)

Pa beth a geisi, filwr bach,
    Oll yn dy lifrai glas a gwyn?
Tybiaf im weld cadarnach ach
    O fewn y muriau simsan hyn.

Pa lyfrau a ddymuni dro
    Rhag bod dy groes yn drom i'w dwyn?
*Masterman Ready*! – dyma fo –
    O'r sbectol, blentyn, ar dy drwyn!

A lwyddi fyth i fynd yn hen?
    Ddyddiau y bererindod flin –
Pa fodd y chwery hyfryd wên
    Swil dy blentyndod ar dy fin.

Pa sut y bu yn Alamein?
    Sut yn Sisilia, fachgen glân?
Fennimore Cooper yn y drin!
    *Masterman Ready* yn y tân!

'Does neb a wyla ddagrau'n lli,
    Neb ond dy fam yn Lloegr draw;
A'r eneth? – a anadla hi
    Tu faes i'r llyfr sydd yn dy law?

*Tale of Two Cities* - cymer hwy,
    Mae Louis Stevenson yma'n llu:
Ond O! yr hafau fwy na mwy,
    Ac o'r gwanwynau gynt a fu!

        *R. Meirion Roberts*

R. Meirion Roberts gyda milwr ifanc yn trefnu
gwasanaeth parêd, Tachwedd 8, 1942.

56

# Cofio

'Nid oes gennym amser i gofio llawer yn ystod rhyfel.'

Nid wyf yn cofio heno
  Na'r band na chwerthin llon
Yr hogiau wrth ymdeithio
  I frwydrau tros y don.
'Rwy'n cofio mam yng nghil y cwm
Yn cofio llanc na chlyw mo'r drwm.

Nid wyf yn cofio heno
  Yr awyrblanau beilch
Yn hofran yn yr wybren
  Cyn disgyn draw fel gweilch.
'Rwy'n cofio'r plant a'u chwerthin prin
Heno yn Llundain a Berlin.

Nid wyf yn cofio heno
  Arweinwyr byd, na'u bost,
Na'u gweiddi croch am Ryddid
  A marw heb falio'r gost.
Cofiaf gaethiwed beddau mud,
A bronnau briw gwerinoedd byd.

Nid wyf yn cofio heno
  Gnafon yr Almaen ddu,
Na saint ysgeler Prydain:
  'Rwy'n cofio'r Hwn a fu
Ar bren rhwng lladron wrtho'i hun
Tros holl ddihirod teulu dyn.

*Iorwerth C. Peate*

57

# Ar Ymweliad

Daeth heddwch i'w lwyr gyfannu erbyn hyn, mae'n siŵr,
a throi'r tŷ clwyfus yn gartre llawenydd drachefn;
pe gallwn ddychwelyd ryw gyfnos gaeaf
a cherdded eto drwy'r eira mud y lôn ddi-stŵr
i'r man lle bûm, byddai'n dro mewn amser a threfn
newydd, ac nid adwaenwn fyd mor ddieithr â'r haf.

Ac efallai mai breuddwyd ydoedd, pan gurais wrth ddrws
trahaus ers talwm: daeth y Barwn ei hun i'w agor
a rhythu'n gwrtais ar fy ngwisg milwr:
'A, mon capitaine, mille pardons, dewch i mewn ar ffrwst
rhag y lluwch: diriaid yw'r dyddiau, a hyd nes yr elo'r
aflwydd heibio, di-lun fai croeso'r moesgaraf gŵr.'

Y gwir a ddywedai: 'rwy'n cofio y pwysai'r tŷ
uwch cwm serth a dirgel gan binwydd tywyll, ar lethr glaer,
yn blasty heb hud hynafiaeth, o gerrig
llwydion nadd, cadarn fel ystum bendant un a fu
ar feini'n breuddwydio, nes gwirio'i freuddwyd yn gaer
a theml i'w galon gyfrin rhag y duwiau dig.

Cerddais dros drothwy gwesteiwr anfoddog felly.
'Clywais y bu,' ebr ef, 'yn y bryniau frwydr faith
mewn storom eira dridiau bwy gilydd:
gorffwys a fyn buddugwyr drycin a dyn, a llety
i'r lluddedig: ond, syr, gwae ni o'r graith
a gawsom ninnau, a'r fflangell wybrennol i'n ffydd.

Rhyfel nid erbyd heddiw mo'r diamddiffyn dlawd;
o'r awyr bell daw'r difrod dirybudd yn hyrddiau
o ddur a thân mwy deifiol na ffrewyll
Duw dialedd. A fynnech-chi weled cellwair ffawd
â phob hawddgarwch?' Trodd yn ddi-serch at y grisiau
a'm galw i'w ganlyn i fyny yn yr hanner gwyll.

Trwy'r ffenestri eang di-wydr, brathai'r dwyreinwynt
a chwydu plu'r eira ar garped a drych a chist:
ar gwrlid drudfawr y gwely, taenwyd
amdo anhygar y gogledd gwyn a pharlys y rhewynt.

Mor isel y deuai griddfan y gŵr i'm clyw: '*C'est triste!*'
Trist! O stafell i stafell chwyrlïai'r malltod llwyd.

Ond meddwn innau, 'Awn i'ch stafelloedd byw.' Mewn ing
edrychodd arnaf, a throi heb air, a'm tywys ymaith
yn ôl i'r grisiau noeth a'r neuadd. Mydrai
yn awr f'esgidiau ar y llawr coed drymder dreng,
ond ysgafn y camai ef mewn urddas digydymaith,
unig, fel claf anhyblyg a fyn farweiddio'r clai.

Pan agorodd y drws di-sylw, llamodd y lleufer
llon i'n cofleidio, a'r gwres i'n hanwesu: o'i sedd
esmwyth ger y tân haelionus cododd
gwraig yn syn, a gloywai arnom lygaid llawn pryder,
a 'Madam,' ebr f'hebryngydd, 'boed lawen dy wedd;
milwr sydd yma, dieithryn a gais, nid o'i fodd,

loches gennym i'w flinder.' Plygodd hithau'i phen
ond ni ddywedodd ddim. 'Rwy'n cofio bod delw'r Crist
ar y mur yn crogi trwy'r tawelwch:

yng ngolau'r fflam lamsachus, tywynnai, gwelwai'r pren
fel pe bai'r gwaed yn hercian o'r galon ysbeidiol, drist.
Ac yna gwelais y piano pert, a'r llyfrau'n drwch

blith-draphlith ar ei do. Yn biwis, chwiliais eu chwaeth;
a gwenu, 'Rhamantydd ydych, Madam, mi wela' i'n awr;
Liszt – a Chopin: rhwng Ffrainc a Phwyl bu llawer
cynghrair, mi wn: ni pherthyn i fiwsig ffiniau caeth
dadrith ein daear ni.' A gwelais y dagrau mawr
yn ei llygaid hi'n cronni, fel llenwi llyn â sêr.

O'r ffŵl anhyfedr na welswn mo'u cyfrinach! Ef
a lefarodd gyntaf. 'Fy nghyfaill, maddeuwch i ni
ein moes ansyber; galarwyr ydym
am na ddaw'r cerddor mwy, byth mwy, yn ôl tua thref;
ni fynnem rannu'n poen â neb.' Safem yn fud ein tri,
nes i'r gŵr droi at y piano fel pe'n herio'i rym.

Am ennyd, eisteddodd yno, ar wylaidd weddi
cyn cyrchu'r gerdd: yna llifodd y miwsig graslon
o'i law, yn breliwd a dawns a chân mor chwerw brudd,
mor llawen ddiofal a mwyn a llawn tosturi
nes suo'r sain yn gymundeb lle rhodiai angylion
gan freinio'n briw a gosod ein horiau caeth yn rhydd.

*Alun Llywelyn-Williams*

## Ar Wasgar

(O barch i'r milwyr a'r heddychwyr)

Cymysg ydyw rhinwedd dyn,
   Cyfiawn ac anghyfiawn yw,
Rhodia ei droeog lwybr ei hun
   Tua Theyrnas Dduw.

Tydi, y tangnefeddwr drud,
   Pan y'th waradwydder di
Llawen a hyfryd boed dy fryd,
   Fe ddaeth cyflawn awr dy fri.

Gostwng gadarn ysgwydd dan
   Bwys dy wir fendigaid groes;
Mynych y chwenychais ran
   Yn dy freiniol loes.

Hwythau'r lliaws, fudion trist,
   Yn rhwym wrth eu tynghedfen
    dlawd,
Hir wasgaredig breiddiau'r Crist,
   Pwy a'u tywys ar eu rhawd?

Diofryd a wneuthum innau dro
   I Iesu, Frenin Nef a llawr,
Yr awn lle'r elai Pyrs y Go'
   A Thwm Huws o'r Penmaen-mawr.

Pan droes ei lygad dwys a draidd
   Teirgwaith y gofynnodd im
Borthi ei ŵyn, diwallu'r praidd,
   Porthi fel na newynent ddim.

Gan hynny fe'u dilynais hwy,
   Harri a Dai o'r Ynys Hir,
A Chymry pur o lawer plwy
   Ar hyd a lled y deuddeg sir,

Nes dyfod i'r ddieithraf fro
   Lle clywir trwst y tanciau chwith,
Minnau lefaraf yma dro
   Eiriau tangnefedd yn eu plith.

Bob seithfed dydd pan ddelo'r awr
   Heidiant oddi wrth beiriannau'r gwaed,
A'u cael o fewn y babell fawr
   Yn bwrw eu hiraeth wrth Ei draed.

Wele, mae'r lliain gwyn ar daen
   A'r gwin a'r bara ar hen gist,
A'r rhengoedd unwedd sydd o'm blaen
   Yn bwyta ac yfed dawn y Crist.

Cymysg ydyw rhinwedd dyn,
   Cyfiawn anghyfiawn ydyw ef;
Teithia ei druan ffordd ei hun
   Tua Theyrnas Nef.

*R. Meirion Roberts*

61

# Cyfeillach

Ni thycia eu deddfau a'u dur
I rannu'r hen deulu am byth,
Cans saetha'r goleuni pur
O lygad i lygad yn syth.
Mae'r ysbryd yn gwau yn ddi-stŵr
A'r nerthoedd, er cryfed eu hach,
Yn crynu pan welont ŵr
Yn rhoi rhuban i eneth fach
I gofio'r bugeiliaid llwyd
A'u cred yn yr angel gwyn.
Ni'th drechir, anfarwol nwyd!
Bydd cyfeillach ar ôl hyn.

Gall crafangwyr am haearn ac oel
Lyfu'r dinasoedd â thân
Ond ofer eu celwydd a'u coel
I'n cadw ni'n hir ar wahân.
Ni saif eu canolfur pwdr
I rannu'r hen ddaear yn ddwy,
Ac ni phery bratiau budr
Eu holl gyfiawnderau hwy.
O! ni phery eu bratiau budr
Rhag y gwynt sy'n chwythu lle myn.
Mae Gair, a phob calon a'i medr.
Bydd cyfeillach ar ôl hyn.

Pwy sydd ar du'r angel yn awr,
A'r tywyllwch yn bwys uwchben?
Pererinion llesg ar y llawr,
Saint siriol tu hwnt i'r llen,
A miloedd o'n blodau, er eu bod
Yn y dryswch, heb chwennych chwaith –
Rhai yn marw dan grio eu bod
Yn y dryswch heb chwennych chwaith.
Cod ni, Waredwr y byd,
O nos y cleddyfau a'r ffyn.
O! Faddeuant, dwg ni yn ôl,
O! Dosturi, casgla ni ynghyd.
A bydd cyfeillach ar ôl hyn.

*Waldo Williams*

# VI

# 'Y Cyrch Disymwth
o'r Awyr'

## Rhyngom a Ffrainc

Rhyngom a Ffrainc, bu'r don yn dawel
ers dyddiau'n llonydd, llyfn, fel hufen glas;
daeth haf cyn dyfod Mai eleni
ar lychlyd draethau'r de,
a chrinodd flodau'r gwanwyn cyn eu pryd.

Beunydd, beunos, y corn rhybudd,
y cyrch disymwth o'r awyr;
try'n oer bob gwefus, arteithia'r llygaid noeth,
try'r cartre'n fedd galarwyr syn.
Ninnau, efrydwyr angau yr un modd,
a ddysgodd wersi bidog a bwled a bom,
gwyliwn y glannau hyn,
troediwn y creigiau llafurus, y tywod anwadal,
a'n bysedd ar daniad y dryll,
cyrchwn y pentir a'r caerau cudd
a disgwyl, disgwyl am y llanw glwth.

Ac felly'n ddiarwybod, fe dyf yr oriau'n hŷn;
ni thycia'r weiren bigog ddim na'r ffosydd dwfn:
dirgel y gelyn, a distaw'n wir
anorfod oruchafiaeth y blynyddoedd coll.
Ym Mhen-y-dre, ers talm,
mae'r llyfrau'n fud esgeulus ar y silff,
a theirgwaith y blagurodd blodau'r ceirios:
tri gwanwyn gwyrdd a fu yng ngerddi'r Fro,
a byth ni thraethir eu cyfrinach mwy.

*Alun Llywelyn-Williams*

# 1940

Cofiaf y gynnau'n cyfarth
tra gwibiem o wersi
i swatio rhag y bomiau.

I arswyd
rhannu solas rhyw hen seler,
is annedd yr ansad eu meddwl,
â dolef hir y gweiniaid a lafoerai.

Wylo a chŵyn a'n hamgylchynai'n
dorf daer fel tafodau o ryw fyd arall,
ac ambell drem ddi-glem yn ymglymu'n
fasg a'm gwasgai
gan fy hawlio fi, – gwên fel feis
y trueiniaid.

Ond trannoeth,
yn yr ysgol eilwaith, dim ond rhisgl a welem
lle cawsom ein hannog, fel llwynogod,
i ddianc tan y ddaear.
Ac ambiwlans eto'n cario cyrff.

Dilewyd â bom adeilad y bwhwman,
a fferrwyd gan goelcerth wallgof y chwerthin
yn ysbyty'r trallod yn ystod y nos;
a'm loes oedd meddwl am leisiau'r
dwymyn yn fud is y domen fawr.

Gan welwi o hyd,
daliaf, yn ganol oed,
i glywed y waedd a gweld y wên
yn blaen heddiw
trwy farrau a mur y blynyddoedd.

*Emrys Roberts*

# Blynyddoedd y Locustiaid

## (Abertawe, Chwefror 1940)

Pwy a dâl i ni flynyddoedd y locustiaid
Pwy a dâl i ni flynyddoedd
Pwy a dâl i ni
I ni
Y rhai a yswyd gan bryder y disgwyl
Y rhai a ddug faich y ceiliog rhedyn cyn pryd
Ym mlynyddoedd traws y blinder a'r aeliau trwm
Pwy a dâl i ni
A welodd ein plant yn cario'u hamdo
Yn goflaid anhrefnus tua'u beddau gyda'r hwyr
A'r breichiau eiddil main yn methu cadw'n ôl
Donnau afradlon y blancedi llwyd
Gwelsom hwy'n cyrchu
Yn ddeuoedd, trioedd, law-yn-llaw
Llygatgoch
Dwyflwydd, teirblwydd a'r fechan seithmlwydd
Yn ddigrif-ddewr yn dwyn gofalon mam
A thad
    *Y plant a roddes y Tad*
Beichiau pechodau'r tadau
Ar y plant
    *A roddes y Tad i ni*
Pwy a dâl i ni
Pwy a dâl
Pwy

*Aneirin Talfan Davies*

66

# Y Tangnefeddwyr

Uwch yr eira, wybren ros,
  Lle mae Abertawe'n fflam.
Cerddaf adref yn y nos,
  Af dan gofio 'nhad a 'mam.
Gwyn eu byd tu hwnt i glyw,
Tangnefeddwyr, plant i Dduw.

Angel y cartrefi tlawd
  Roes i 'nhad y deuberl drud:
Cennad dyn yw bod yn frawd,
  Golud Duw yw'r anwel fyd.
Gwyn eu byd tu hwnt i glyw,
Tangnefeddwyr, plant i Dduw.

Ni châi enllib, ni châi llaid
  Roddi troed o fewn i'w tre.
Chwiliai 'mam am air o blaid
  Pechaduriaid mwya'r lle.
Gwyn eu byd tu hwnt i glyw,
Tangnefeddwyr, plant i Dduw.

Cenedl dda a chenedl ddrwg –
  Dysgent hwy mai rhith yw hyn,
Ond goleuni Crist a ddwg
  Ryddid i bob dyn a'i myn.
Gwyn eu byd, daw dydd a'u clyw,
Dangnefeddwyr, plant i Dduw.

Pa beth heno eu hystâd,
  Heno pan fo'r byd yn fflam?
Mae Gwirionedd gyda 'nhad
  Mae Maddeuant gyda 'mam.
Gwyn ei byd yr oes a'u clyw,
Dangnefeddwyr, plant i Dduw.

*Waldo Williams*

## Yr Helfa

(Detholiad)

Yn sydyn fe ddaeth yr helwyr
    Hyd atom â'u gwaed a'u cur,
Y bomiau'n syrthio fel aeddfed ffrwyth
    O grombil yr adar dur.
Gweiddi miloedd yn Lerpwl,
    Ochain yn nhre Caerdydd,
Ac Abertawe a Llundain
    Mewn arfau yn colli eu ffydd.
Chwerw yw cofio Guernica
    A'n bendith ar chwalfa mor fawr,
A ninnau'n dianc i'n tyllau
    I ddisgwyl yn daer am y wawr.
Dinas a thref yn bentwr –
    Difrod na fu ei fath,
A llawer calon yn wylo'n dost
    A theimlo'r dioddef a'r brath.
        Yn awr mi wela'
        Ystyr yr hela:
Cymru a Llundain mewn gwaed a llacs
Yn Helfa Goring a Haliffacs.

*T. E. Nicholas*

## Malurion

(Abertawe, 1941)

Ddoe'n gamp o greadigaeth y daeth dyn
Â melin-aċ-eglwys yma i lanw gwagle –
Iddo rhoed o graig ac o goed, dan gŷn,
Bob cronglwyd, to briglwyd, popty a bragle,
Sefydlodd epil a hil, a'u pla hwy
Fu drysu torf â masnach fudr ystorfa,
Mynd fel nadredd yn sgil y madredd mwy,
Cnoi dyn i'w berfedd, snecian dan y borfa.
Siopau, rhannau o dref sy'n awr yn drafion,
Tai-cwrdd Duw bob yn ddarn ac yn sarn sydd,
A chroes yn hyll yn sefyll, dyn-a'n-safion,
Uwch olion sbeit a lluwch trefn deit ein dydd.
Rhwng y malurion, fel mywion, mae'n ymwéu
Falurion bywion, – crafion campwaith y Creu!

*J. Eirian Davies*

## Y Malu

Awst 1940

Mae terfysg yng ngwersyll y sêr,
  Ac oergri yn rhwygo'r nos;
Mae mynydd Eglwyseg yn fflam
  A lluoedd y fall dros y Rhos,

Yn hofran yn feichiog o wae
  Gan ruo yn ffyrnig a chroch,
Ac uchel ffenestri y nen
  Gan angerdd eu dicter yn goch.

Aruthrol eu rhuthr a'u hwrdd,
  Ysgytir y pentref i'w sail;
Y cedyrn anheddau a syrth,
  A'r caerau a chwelir fel dail.

Fe gryma'r gwŷr cryfion i'r llawr,
  Am loches y dewraf a ffy,
Mewn arswyd o'r curo di-dor
  A'r malu didostur sydd fry.

Ai'r duwiau sydd heno ar waith?
  Ai'r duwiau sy'n malu yr ŷd
A heuwyd a fedwyd gan ddyn
  Yn fara gofidiau i'r byd?

*I. D. Hooson*

## Bwystfilod

Cyhyraeth ddreng Cŵn Annwn
  A'u hubain ym mhob bwth,
Bwystfilod y ffurfafen
  Yn canu anhyfryd grwth:
Plant bychain llon yn crynu
  Rhag milain balfau'r gwae
Sy'n hela erwau'r nefoedd
  Am bob diniwed brae.

A'r Angau a genhedlwyd
  Gan eu rhieni ffôl,
Yn ymdaith i'w hanwesu
  Yn ei anghynnes gôl.
Dihangodd hen ddiddanwch
  Mynydd a maes a môr
Rhag llu'r bwystfilod rheibus
  Sy'n safnrhwth ger pob dôr.

Bomiau a thân a gynnau,
  Malais a dig a chas,
Y gwirion yn ei dlodi
  A'r cyfrwys yn ei blas;
A draw ar Fryn y Cymod,
  Yn grwm dan faich ei loes,
Y Gŵr a ddug ein gofid
  Yn angof ar ei Groes.

*Iorwerth C. Peate*

## Bomio: 1941

Dy hen aelwyd ni weli, – na hithau,
  Anrheithiwyd cartrefi,
Ond uwch hedd ceufedd cofi
  Am un hoff oedd o'i mewn hi.

*William Morris*

# Morthwylio

'Lie in the dark and listen …
Life is passing above your heads.'

Noel Coward


Gorwedd y nos a gwrando
  Y bydd fy mychan trist:
Rhoi'i 'ben i lawr i gysgu'
  A'i 'ofal ar Iesu Grist.'
A'i galon fach yn feichus drom
Gan ofn morthwylion dur y bom.

Gorwedd y nos a gwrando.
  Eisoes y maent ar daith
Uwch meysydd teg Morgannwg
  Ar eu mileining waith:
Hogiau rhyw lannerch yn y cwm
Bellach wrth newydd waith ynghlwm.

Gorwedd y nos a gwrando.
  Nac ofna, 'mychan pur;
Nid ŷnt ond hogiau'r pentref
  Yn dwyn eu morthwyl dur;
'Rhen Ianto'r Glyn a Huw Tynrhos
Sy'n gyrru am Hambwrg yn y nos.

Gorwedd y nos a gwrando.
  O cwsg, fy mychan gwyn,
Nid oes ond hogiau Cymru
  Yn gyrru tros y bryn.
Cwsg, ac ni chlywi, ar draws y nen,
Eco'r morthwylion ar y Pren.

*Iorwerth C. Peate*

## Cyrch-awyr

Mae sŵn y craeniau cryfion yn crynu yr holl dir,
A rhu y dur foduron, barha drwy'r cyfnos hir;
Gwagenni trwm gan fomiau yn gwibio hyd y ffin,
A gwichian eu holwynion yn rhathu 'nghlustiau blin.
Uwch dadwrdd croch beiriannau, daw ambell fanllef gref
O enau'r rhingyll byrbwyll, yn rhegi tua'r nef.
Mae rhes o awyrennau yn codi fry i'r nen,
A'u rhuo brwnt bwystfilaidd yn llenwi'r nef uwchben;
Yn sydyn y diflannant yng ngolau gwan y lloer,
A safwn ninnau yma yn rhynllyd ac yn oer,
Mor sobor y myfyriwn am ein gwareiddiad ffôl:
I ble'r ehedant heno? Tybed a ddônt yn ôl?

*James Ellis*

## Cyrch-awyr

Disÿfyd udo'r seirennau croch
   A bwhwman gelyn mewn hyder
Yn dihuno'r dref o'i thangnefedd swrth
   I gyffro a gwae a phryder.

Chwil-oleuadau yn treiddio fry
   I'r caddug fel gwead llinynnau;
Ffrwydradau a chryndod bom ar ôl bom,
   A gorwyth o gyfarth gynnau.

Muriau'n malurio uwch seiliau sarn,
   Y fflamau ymhleth fel gwiberod,
A'r giwed cyrchwyr, namyn dau neu dri,
   Yn troi tua gwlad eu Herod.

Ond O! na welai, ar doriad dydd,
   Y neb am ei lwyddiant a gano,
Yr hanner dodrefnyn a'r pen bach crych
   Heb weddill ei gorff odano.

*J. Eirian Davies*

# Cyrch

Rhwyga y glec a'r rhu galico'r awyr, –
dim ond jet unwaith eto'n
deffro hen boen,
ond yn nhangnefedd Dyffryn Banw
caf ias oer cofio seiren …

Y sŵn a ddygai ofn
ac a gasáwn yn ddeg oed
fel un o filiynau'n
llechu isod, gan wrando'n ein llochesau
ar ochain Dornier ar gyrch i'n darnio'n
dynesu i larpio dinas Lerpwl.

Gwyro y bûm tan gri y bomiau,
ac eco'r sgrech fel corws gwrachod
uwchben yn hongian, –
chwiban angau.

Ac er disgwyl y ddyrnod,
âi'r ffrwydrad fel nodwydd
hirfain trwy 'mherfedd;
asid fy mhryder a ddiferai
i fêr esgyrn wrth i'r strydoedd fry ysgwyd;
a meddyliwn, –
tybed a welwn y wawr?

Yn sŵn chwil brics yn chwalu,
rhannwn â'm rhieni
eu poen am ddioddefaint, –
pwy'n amddifad yn eu gwae a'u hurtrwydd,
a phwy'n ddigartref
ar noson fel honno?

Â mi'n glòs wrth fur,
dychmygwn am wên y glasrwth feirwon,
a chri rhai'n llosgi, –
ai cyfaill ysgol?
Ac ar gyrff a garwn gwelwn y gwaed.

Yna'r ochenaid fawr
yn yr anhygoel ddistawrwydd
o dyrru i olau y sêr
ac esgyn wedi'r ail seiren
yn welw oer i'n gwelyau.

*Emrys Roberts*

72

## Y Prysur Bwyso

Pan ddaw'n ddirybudd arnom, y gelyn,
liw nos, o'r awyr, neu o'r ddinas hon,
pa nod fydd arno, pa enw i'w adnabod,
a ninnau'n flin, llond hiraeth am y lloer
a dilyn hynt y ceunant cynefin?

Y ffrwydro gwenwynig, ac angau cudd y cwmwl,
pob hir ffarwél ddiamcan, a'r ofn yn y llygaid,
a bendith yr esgob ar y fidog ddur.
O Dduw! mor fach yw'r aelwyd heno –
daw'r gwynt a'i ddolef o'r anial dywyllwch,
i wawdio'r gân a ddarfu
a'r gyfeillach wâr.

Aed doeth ac annoeth, a gwylio'r sêr,
dehongli'r breuddwyd a'r arwyddion oer:
wrth lingran draw'n ddi-les wrth odre'r bryn,
tyfodd y prysgwydd a'r mieri'n wyllt
a chuddio ôl y saint
ar y llwybr llwm at y bwlch.

A gwelsom, ddyddiau'n ôl,
yr erthyl fyngalo ar lan y llyn,
yr heol goncrit wen yn tagu'r tir.
Ac oni chawn, o ddringo'r Grib,
gipio'r olygfa gaeth trwy dreisio'r graig,
derfydd y chwerthin, ac mae'r gân yn fud.

*Alun Llywelyn-Williams*

## Cyrch-awyr

Y nerfus gri gynhyrfiol!
Yna'u grŵn, gacwn y gwyll.
Ymbil y pelydr chwilio,
A gwŷs gecrus y gwn.

Eco a fflam, clec a fflêr,
A dial byr anadl y bom;
Fe arddwyd tŷ yn furddun,
A rhudd y dom lle'r oedd dyn –
*Onid sofl yw ein cnawd sâl?*

Lle bu tai a simnai syth,
Meindwr a bwrdd Cymundeb.
Mae gweryd llwm a gorwel –
*Brau yw tai Abertawe.*

Gwaeddwn ar Dduw'n dragwyddol:
"Mae ein tŵr, mae ein tarian,
Mae'r to rhag y bom a'r tân?"
*Ni ddaw llef o'r nef yn ôl.*

Wele gwymp y sawl a gâr
Hen dduwiau blin y ddaear;
Dyma galed dynged dyn,
Dechrau a diwedd dychryn:
*Os gwewyr cas a heuo,*
*Anfad fydd a fed efô.*

*Gwilym R. Jones*

## Cyrch-awyr

Lleuad fel Eros dros y dref,
  heno'n wên i gyd,
a'i fwa'n saethu o'r nef waeau
  yn bentyrrau tân ar ein byd.

Llu adeiniog yn gyrru braw drwy'n bro,
  llygaid yn fflachio llid;
lleisiau, delweddau o'r Diawl ei hun –
  anedifar, di-hid!

*Rhydwen Williams*

## Awyrblandy Sain Tathan

Duw yn ei ryfedd ras a luniodd ardd
Rhwng môr a mynydd lle mae'r llwybrau'n tywys
Y werin flin i'r dolydd ir lle tardd
Dyfroedd Bethesda a heddwch Eglwys Brywys.
Ynddi fe ddodes amal bentref llawen
Yn em disgleirwyn yn y glesni mwyn –
Llan-faes, Y Fflemin Melyn, Aber Ddawen –
A chêl oludoedd gweirglodd, lôn a thwyn.
Bellach fe'i chwalwyd oll: a nwyd dymchwelyd
Anhapus ddyn a gais yr hyn ni allo
Yn troi'r hamddenol ffyrdd yn sarnau celyd
Na chyrchant hedd Llan-dwf na hud Llangrallo.
    A'r syber fro o'r Barri i Borth-y-cawl
    Yn gignoeth dan beiriannau rhwth y Diawl.

*Iorwerth C. Peate*

## Gair at B. T. Hopkins
### (adeg rhyfel)

Pe͂ gwelit fi yn dyddiol gylchu 'nghell
Yn nerfau i gyd ar alwad cloch neu ddrwm,
Ti dyngit nad oes im ucheldras gwell
Na chaethwas wrth ei res amodau 'nghlwm.
Neu 'nghaffael fel rhyw ddeddfol, rithiol fod
Yn troi wrth fympwy ei amseroedd caeth,
I'm penodedig awr yn mynd a dod
Ar ras prydlondeb megis ton y traeth.
Pan oer hwtera lleisiau cras y doc
Eu rhybudd hwyr, dan do fy mwrdd o ddur
Rhyw gynganeddu'i thynged a'r hen gloc
Mae'r galon wan wrth gynnal rhythm ei chur.
O! na chawn heno'n dy gymdogaeth di
Brofi diseiren nos ei bryndir hi.

*J. M. Edwards*

## Y *Blitz*

Daeth awr Hitler i'n herio
A rhoi dwrn brad ar ein bro.
Awr a fydd i'w rhyfeddu
Yng nghôl y dyfodol du,
Awr gyfyng i'w hir gofio
Yng nghyfrolau brudiau bro.
Twrf trin sydd yn poeni'n pau
Ac aerwaith rwyga'i herwau.
Eryrod dur yrr eu tân
O'r awyr ddu yrwan,
Ac â'n daer uwch gwaun a dôl
Adar nos y drin ysol.
Distryw ail dilyw y don
Dry i waered yr awron.
Ni cheir tŷ na chwrt tawel
Na wêl gur tan ei law gêl.
I'r ffridd lwyd a'r ffordd lydan,
Ar dŷ a dâr daw ei dân.

Ymwêl â chribau'r moelydd
A thyr gwrs dros lethr a gwŷdd.
Sŵn gynnau sy'n y gweunydd
A hir dwrf yn hwyr y dydd,
Ail ton gaeth ar y draethell
A thwrf Mawrth â'r haf ymhell.
Y corn heriol ei ddolef
Ddaw â'r drin i ddôr y dref.
Llef yw ail dolef diawliaid
Gwyd o byrth y gwae di-baid.
Sŵn a heria'r synhwyrau –
Draidd i'r galon drwy'r fron frau
Rhag difrod y ddyrnod ddu,
Mae gwâl i ymogelu?
O cheir man uwch âr mynydd
Neu ryw gil yn nyfnder gwŷdd
I roi nawdd i wirion ŵr,
Moes acw imi'i swcwr!

Dros dai'r llawr, dros dir a lli,
Cawn ddreigiau'n cynddeiriogi.
Er ceisio, chwilio, ni chaf
Annedd wen yn ddianaf.
Maluriwyd hwy mal eira
O dan haul neu dywyn ha',
A cheir eu llwch ar y llawr
Ail i'r dail ar y dulawr.
Gwewyr a gwae ar y gwynt,
Hir alaeth ac oer helynt
Ddaw o'r gwyll i ddôr y gwan –
Gwae'r rhywiog orohïan!
Rhes o dai yn eirias dân –
Gwae'r heigiau o wŷr egwan!
Gwae'r un bach a'r afiach ŵr.
Gwae'r rhianedd - gwae'r henwr!
Môr o dân ym mru dinas –
Chwilboeth lyn yn y glyn glas;
Muriau fu'n herio mawrwynt
Yn chwâl tan anorthrech wynt!
Chwalfa! lle bu uchelfur
Mae llwch brau a darnau dur.
Campwaith pensaer yn cwympo –
Tewynion tân yn y to!
Uwch erwau'r tir chwery'r tân,
Clywch fflamau angau'n yngan!
Oernadau duwiau dial
Ddaw ag ofn i wŷdd a gwâl.
Tân a mellt a wna i mi
A'm haelwyd ddinam welwi,
Y mae her ddiymaros
Uwchben yn wybren y nos.
Dinistr ddaeth ar adanedd,
Ofn a geir ar fin a gwedd!
Y tu mewn i'r tai mwynion.
Marw yw llais pob miri llon.
Yno gwag yw'r hen gegin
A briw y gell lle bu'r gwin.
Ofn a ddaeth â'i fin o ddur
I dalaith teulu dolur,
A greddfau geir yn griddfan
Tra fo'n y tir ofn y tân.
Ofn a dry ar fuan droed

I annedd dawel henoed.
Dyry'i arswyd ar orsedd:
Ple mae'r ffau rhag ei glau gledd?
Yfed gwaed wna'i fidog ef,
Ei lluddias ni all addef.
Llwyd ei wedd - gwêl lle daw o,
Hen ac ieuanc yn gwywo.
Gwell yw balm a gwyll y bedd
A thrist dir yr hir orwedd
Nag aros tan ei gerydd
Yn dlawd ŵr hyd olau dydd.

*Trefin*

77

# Cobler y Coed

### (Tithau hefyd Natur?)

Mi wyddwn er yn blentyn
   Fod cobler yn y coed
Na wisgodd yr un esgid
   Am 'run o'i draed erioed.
Ond wrth ei waith ryw fore
   Mi'i gwelais ef yn deg.
Do, agorais lygaid syn:
   Agorodd yntau'i geg.

"Beth yw'r newyddion heddiw?"
   Dolefai'r 'deryn gwyrdd
Sy'n treulio'i oes i hela
   A difa gwybed fyrdd.
"Buont yn Lerpwl echnos
   A lladdwyd llu, mi wn."
"Jiw, jiw, jiw, jiw, jiw, jiw, jiw!"
   Ebe'r cobler euog hwn.

"Gorffen dy genadwri
   Ac yna cau dy ben;
Mae arnaf eisiau clywed
   Y pryfed sy'n y pren."
"Buom ni yn Hamburg neithiwr,
   A'i phlastro fesul stryd."
"Jiw, jiw, jiw, jiw, jiw, jiw, jiw!"
   Ebe bomar hyna'r byd.

*R. Williams Parry*

78

## Marwnad Awyrennwr

O'r ehangder i'r gweryd,
O awyr bell i lawr byd.
Wedi bri yr echdoe bras
Dod i aflwydd doe diflas,
A gorwedd yn oer heddiw
Yn fud, ddisymud, ddi-siw.
Mudan mwy; am dy un maen
Rhyw filmil a rif Almaen.
Ym mro'r hidlo diadlam
Lwch dy fedd a wlych dy fam,
Cur dy fam yw cur mamau,
Mud ddiadell y bell bau.
Tan do arch 'rwyt yn dy hyd,
Yno'n llanc ifanc hefyd.
Cael wedi'r trwm fwhwman,
A'r llorio llwyr, llawr y llan.
Herwa nen Unben enbyd
A gwae yn dy ffyrdd i gyd.
Ddegau o weithiau aethost
A chyrchu tir â chyrch tost.

Yna'r loes o'th gael ar lain,
Er galar, yn oer gelain.
I lyw y nen oleuach
Hulio bedd petryal bach;
Rhoi hwyliwr erwau helaeth
Dan briddell yn y gell gaeth.
Troi'r mud o adfyd hedfan,
O dre'r lloer, i hendre'r llan;
O wenau poeth wyneb haul
Dod i oer dŷ diaraul.
Hwyrach mae mwynach mynwent
Na hwyr storm dy lawer stent.
Onid gwell hedd dy gell gaeth
Na chyffro hwylio helaeth?
Syber hedd sy'n sobreiddiach
Na hitio bom ar blant bach.
Er och brudd mwy dy arch bren
A orchudd y dywarchen.
Gyda'r giwed ddywedwst,

Yno'th roed o'r drin a'i thrwst;
Ac ar gôl dy garreg wen,
Llith oeraidd ei llythyren.
Pell rhagor eco'r ddrycin;
O'i chleisiau erch, hwylus hun!
Hyd nes dod atgyfodi
O'r cysgod oer, cysga di.

*J. Eirian Davies*

## Yr Awyrennwr

Os cleddir fi dan dywyrch du
   Ym mhridd rhyw estron wlad,
Ymhell o ŵydd fy ngheraint cu
   A chariad mam a thad,

Heb emyn gan yr wylan wen,
   Na'r fronfraith loyw'i chân,
A throed Almaenwr uwch fy mhen
   Ymhell o Gymru lân,

Caf serog nen yn gysgod im
   A'r gwynt yn ddwys ei gri;
A chuddir fi dan grinddail chwim,
   Am hyn nac wylwch chwi,

Ond cofiwch am y dyddiau gynt,
   Yn Llanfair ger y lli,
Bydd sŵn fy chwerthin yn y gwynt,
   Yn aros byth i chwi.

*James Ellis*

## Yr Awyrennwr

Ni ddringa'r llesg bererin tua'r bwlch di-sathr;
wrth lywio'i beiriant hydrin dros y gwyn gopaon
gwelodd yr awyrennwr y cysegr obry,
a gwag oedd temlau'r argyhoeddiad gynt.
Twyll yn ddios fai rhoddi coel ar chwedlau gwlad,
adfail y graig safadwy, adfail y ffydd.
O Dduw, Dduw nef! gwywodd y gangen werdd
ymhlith y tomenni slag,
dan boer y segur dlawd,
dan guwch drwgdybus llygaid anhygar,
ymhlith amrywiol gelwyddau'r areithiau anniddig
'draddodwyd dan sêl y baneri:
dan bersawr hefyd y trwmgwsg nwy
'fai'n ildio'r claf mor ddiboen araf
i lesmair moethus breuddwyd hir y bedd.

Henffych well, y ddinas ddistryw!
Gwêl wên yr awyrennwr rhydd, ei wefus dynn;
gollwng ei fendith fawr i'r ddaear, a chwalu'r byd!

*Alun Llywelyn-Williams*

*Alun Llywelyn-Williams, yr ail o'r dde yn y rhes ganol, yn ystod cyfnod o hyfforddiant gyda'r Awyrlu yn Douglas, Ynys Manaw, Hydref 22 – Tachwedd 4, 1941.*

## Llundain, 1944

Yr angau adeiniog metel
Yn rhuo ei ffordd
Tan wybrennydd haf.

Yr angau cadarn,
Yr angau twym
Yn ysu llwybr
I'w neithior.

Isod,
Yn y selerydd,
Ym mharlyrau y gwrachod lludw,
Y paratoi.

Yng nghynteddoedd y pryf copyn,
Yr aros.

Yng nghynhesrwydd hen anadl a chwys
Yr eneidiau'n ymwasgu
Gan ddisgwyl y priodfab.

Moment fflam y cyrraedd.
Yr uno,
Yr angerdd
A'r loddest.

Ac wedi gloddest,
Dim ar ôl
Ond y gwin a gollwyd
A'r briwsion gweddill.
Y bara
A'r gwin.

*Harri Gwynn*

81

## Croes a Chlorian

(Pan ddisgynnodd bom rhwng Eglwys Sant Pawl a'r Old Bailey)

Ar draws yr awyr lidiog
  Dau farchog uchel-foes
Sy'n ymwan uwch galanas
  Y ddinas yn ei gloes,
Y naill uwchben ei glorian
  A'r llall o dan ei groes.

Trugaredd a Chyfiawnder,
  Fu'n lleufer llan a llys,
A fernir heno'n gydradd
  Lle nid oes gwadd na gwŷs
I ddim ond i ddihangfa
  O laddfa gwaed a chwys.

Fry mae'r adeiniog adwyth
  A'i lwyth o farwol wae
Hebogau ar eu cythlwng
  I'w gollwng ar eu prae
A rhyngu bodd yr heliwr
  A chadw'n siŵr ei swae.

Obry mae'r glew ddyneddon
  A'u meirwon yn eu mysg
Yn tyrchu tywyllfannau
  Dan demlau diflan ddysg
A gwarchod teiau gwendid
  Dan donnau'r llid a'u llysg.

Daw newydd wawr o ddwyrain,
  Daw gosteg-sain o dde,
O ogledd a gorllewin
  Daw rhin cymdogol dre',
A gwyra croes Trugaredd
  Dros anwedd clwyfau'r lle.

Cyn hir cyhoeddir heddwch
  Uwch tristwch llwyd y trai,
A gwylia'r dinasyddion
  Ymryson newydd grai
Cloriannau crog Cyfiawnder
  Yn ofer bwyso'r bai.

*Caradog Prichard*

# VII

# 'Chwerw yw
# Bywyd Carcharor'

## Carcharor Rhyfel

Chwerw yw bywyd carcharor, – colli'r hedd,
    Colli rhyddid rhagor;
   Megis fel pe'n ymagor
   I ryw ystâd chwerw ei stôr.

Ni wêl ond arfog wyliwr – yn wastad
    Mewn ystum a mwstwr.
   Dyma'i stad mewn stêm a stŵr,
   Truan, aflan ei gyflwr.

Mewn llifeiriant bu'i antur, – yn amlwg
    Fe deimlodd lem frwydyr;
   Heno'n gaeth, ddigalon gur,
   Yn gyson mae heb gysur.

Gwag ei gell, gwag ei gylla, – a rhyw ias
    A rhyw eisiau'n para;
   Gwae fo'i hynt, gaeaf a ha'
   Ar y bwr' prinder bara.

Arhoswch, dyma'i rasion, – i ginio
    Fe gawn sŵp a chloron;
   A'r hwyr, torth fach, rhennir hon
   Heno rhwng pump o ddynion.

Yn nhawelwch ei wely - e gyfyd
    Atgofion pryd hynny,
   Am y dref a'r cartref cu –
   Croesaw, deheulaw teulu.

Yn ei stori dosturiol, – er mewn ing,
    Er mewn angen dyddiol,
   Byth nodyn llon gobeithiol
   I'r truan yw – ceir troi'n ôl.

Yn ei ran, a chaib neu raw – yn dawel
    A diwyd ei ddwylaw;
   Yn hwyliog dyma'i alaw,
   'Bod yn rhydd ryw ddydd a ddaw.'

O prysured y gwledydd – a'u hanes
    Fo'n unol â'i gilydd;
   A phan ddaw'r ddwys wen wawrddydd,
   Helynt fawr a moliant fydd.

*Llewelyn Lewis*

## Siom

*'Mor agos … eto mor bell'*

Yn y pellter clywaf seiniau,
Megis canmil o fân glychau;
Clir yw'r seiniau trwy'r awelon,
O gwrandewch ar eu newyddion.

Unwaith eto fe ddaeth heddwch,
Daeth llawenydd – ciliodd tristwch;
Chwifiwn faner fawr gan hynny,
Baner cariad fo'n teyrnasu.

Cyflym deithio tua Chymru,
Gweld ei bryniau 'rôl hir graffu;
Pwy all fesur fy llawenydd
Wrth ddynesu at Feirionnydd?

Unwaith eto yn y Dyffryn,
Unwaith eto, ond yn sydyn
Bloedd, a phwniad yn fy ochor,
Deffro … deffro yn garcharor!

*Llewelyn Lewis*

## Carcharorion

Boed melltith arnoch, dadau'r ferroes hon
   Am ein cenhedlu yn eich nwydau dall,
A pheri inni sugno maeth o fron
   Y sawl na wybu eich gwamalrwydd mall.
Byddarwyd ninnau gan driaglaidd ruthr
   Eich llafar rhugl, a'ch doethinebu croch,
Oni ddaeth arnom yr alanas uthr
   A droes ein llawen nef yn uffern goch.
Gwae ni na chaem anadlu awyr iach
   Ieuenctid, a mwynhau ei eirias rin,
A chodi'n cestyll euraid, ennyd fach,
   Yn rhydd o faglau pob llyffethair blin;
Cyn syrthio'n llwch dan rym ofnadwy'r chwyth
A chwâl hualau pob carcharor fyth.

*Amanwy*

## Angen

(Ar ôl gweld carfan o filwyr Mahrata yn
cloddio am ddŵr yng nghanol gwersyll
carcharorion rhyfel)

Eu gwylio.
   dan wres can gradd
   bore yn Libya.

Eu gwylio,
   gwylio'r breichiau castan
   a sglein eu chwys
   fel cangau gaeaf yn y glaw,
   cyhyr a gewyn
   yn hyrddio dur ceibiau benthyg
   i gist y swnt ystyfnig
   ym Mersa Matruh.

Yno 'roedd dŵr, dywedent:
   dŵr molch eu hirwallt du,
   dŵr cannu
   milltir cotwm rhuban eu tyrbanau,
   a charthu
   annhebygol weddill
   gwaelod y cwpan.
   Dŵr ar gyfer defod eu glanhad
   ar wawriau anweledig
   dyfodol mewn cadwynau.

Gwylio
   crafiad cramen yr anial yn troi
   yn bydew,
   ceibiau yn bendiliau
   ar ogwydd
   a chlec pob trawiad yn eiliadau ofer.

Gwylio,
   gwylio am hydion
   eu hegni cyhyrog
   a gweld
   o'r diwedd
   y gweddiwyr ymarferol
   yn ildio.

Yno, dywedent, nid oedd dim dŵr.
Curasom ein dwylo,
   ein dwylo segur.

*Selyf Roberts*

86

# Caethiwed

(Ymson carcharor Eidalaidd yn yr Ail Ryfel Byd)

Mae gwên fy meistr tirion megis gwawr
I mi, garcharor mewn anghysbell le;
Bu'i fachgen yntau yn y tywydd mawr
Dan arfau'r uffern hon, ymhell o dre'.
Yma, 'rwy'n unig, unig er ys tro,
A'm ceraint lawer milltir flin i ffwrdd;
Pan sangwyf ddaear fy nghynefin fro,
Tybed a ddaw Antonio bach i'm cwrdd.
Rhyngof a miri'r hogiau derfyn dydd
Mae gwahanfuriau llawer estron air;
Pa bryd y clywaf eto glychau rhydd
Yn distyll hedd o dyrau Eglwys Fair?
Bob hwyr, yn nhân y gegin ym Mhen-lan,
Mi welais des ar winwydd ger Milan.

*John Roderick Rees*

87

# Nadolig 1940

Chwith wynebu dydd Nadolig
  Yn garcharor gwan;
Dyma brofiad hollol newydd
  Heddiw ddaeth i'm rhan.

Er fy mod yn gaeth ym Mholand,
  'Mhlith estroniaid lu;
Mynych hedfan wna fy nghalon
  Tua Chymru gu.

Beth a roddwn am gael orig
  Ar yr aelwyd lon,
A chael cwmni hen gyfeillion
  Ar yr ŵyl wen hon?

Ond er gwaetha'r amgylchiadau
  Heddiw brofwn ni,
Na foed inni lwyr anghofio
  Nod yr ŵyl – a'i bri.

Ond trwy gymorth mwyn atgofion
  O'r hen amser gynt,
A chan ddisgwyl gwell dyfodol
  Dedwydd fo ein hynt.

Fe gawn eto amser dedwydd –
  Fe ddaw'r dydd i ben;
A chawn ddathlu'r 'Dolig eto,
  Draw yng Ngwalia Wen.

*Llewelyn Lewis*


# Profiad 'Rôl Tridiau o Gerdded

Llusgo ymlaen mewn llesgedd – heb wybod,
  Heb obaith ymgeledd;
O brysied – deued diwedd,
I Llew o'i boen – gwell yw bedd.

*Llewelyn Lewis*


# Dogn Diwrnod
### (Torth fechan rhwng pump)

Newyn a'n gwna ni'n wannach – O bobol!
  Bwyd baban gawn mwyach;
Hyn o dafell – prin bellach
Geidw'n fyw lygoden fach.

*Llewelyn Lewis*

# VIII

## 'Llaith yw eich Llygaid, Famau'r byd'

# Cri Madonna

Llaith yw eich llygaid, famau'r byd –
  Dorf ddiymadferth oll,
Mae Duw yn eich galw chwi ynghyd,
  Heb fod yr un ar goll.

Chwi sydd yn sefyll yn y Farn –
  Weiniaid, anhyblyg rai,
Pan yw y ddaear ddu yn sarn,
  A chwithau yn ddi-fai.

Chwi a wybu'r gwewyr a baich
  Ing geni dyn i'r byd,
Chwi fu'n ei gario yn y fraich,
  Chwi a fu'n siglo'i grud –

Anna o Rwsia ddurfing-oer –
  Cymar y dymestl chwern,
Lise o Ffinland wen, a phoer
  Y lluwchwynt ar ei chern –

Gretchen wallt-olau, gyda'i gwrid
  O win wedi troi yn waed,
Nora o Norwy o dan lid
  Anocheladwy draed –

Helen a ddrysodd luoedd cad,
  Heddiw'n isel ei phen,
A Leonora am y brad
  Yn nod i saeth a sen –

Marie o Brâg yn ddistaw-ffrom
  Yng ngwyll y disgwyl hir,
Yulia o Iwgo-Slafia lom
  Ar wib drwy'r uchel dir.

A chwi yn dyfal ddisgwyl dydd
  Fel y weddw fud o Bwyl,
Cwyn ac wylofain tost, a ffydd
  Yw'ch c'lennig fore'r ŵyl.

Un eich amynedd yn ddi-feth,
  Un yn eich croes a'ch cri, –
Mair, mam Iesu o Nasareth,
  A Mari o Lan-y-bri.

J. Dyfnallt Owen

# Synfyfyrion

Nos Sadwrn, a'r bechgyn yn tyrru i'r dre',
   Yn tyrru i'r dre' am ddifyrrwch,
Mae eraill o'r bechgyn yn tyrru, – i ble?
   I uffern y tanciau a'r t'wllwch.

Nos Sadwrn, a drama'r 'pelenni' mewn bri,
   Mewn bri y mae drama'r 'pelenni',
Mae'r ddrama erchyllaf a'i chwerwder hi
   Ar fynd, – a'r holl fyd yn y cwmni.

Nos Sadwrn, a hiraeth yn tonni'n ddi-stŵr,
   Yn tonni'n ddi-stŵr yn y galon –
Am hogyn bach annwyl sy 'mhell dros y dŵr,
   Duw'n unig a ŵyr ei bryderon.

*Mai o Fôn*

# Plant Yr Almaen

Y mae Rahel o hyd yn Yr Almaen
   Yn wylo yn wanllyd a di-stŵr;
Trugarocach ydoedd cleddyf Herod
   Na'r newyn ar y Rhein, yn y Ruhr.

Magu swp o esgyrn sychion
   A wna esgyrn breichiau hon,
Nid oes fawr o fwyd yn ei phantri
   Na diferyn o laeth yn ei bron.

Ac y mae'r gwŷr wrthi hi yn ceibio
   Y dialgar bridd a chlai,
Bydd yr elorau dipyn yn ysgafnach
   Am fod yr eirch dipyn yn llai.

Mae tosturi'r Crist ar Ei Groesbren
   Yn ffrydio o'i ystlys a'i draed;
Pob angladd yn ddraen yn Ei benglog,
   Pob bedd yn ddiferyn o waed.

*Gwenallt*

91

# *Ar Goll*

Fy mrawd bach; rhy fach o lawer
i ddod gyda ni'r bechgyn mawr,
dringo'r sticyll dros yr afon,
gwylio'r coliars a'r plismyn yn bwrw codwm
   yn y dŵr,
"Dos yn d'ôl, dos yn d'ôl, neu ..."
O na fedrwn gael dy gwmni heddiw,
dy warchod a'th ymgeleddu
a'th hebrwng i gysgod y gegin
at y bwrdd i gael basnad o gawl dy dad
a breichiau dy fam,
ond – mae peryglon a gelynion gwaeth
yn dy fygwth y dwthwn hwn.

Na, 'ddwedi di ddim,
'chawn ni fyth wybod,
dim ond dyfalu –
dy helynt yn y dylif:
trin y tapiau a'r falfiau filfil,
disgyn a chanu'r gloch
cyn i'r pwysau droi'n glychau'n y glust.

Ti, y diniweitiaf,
   yn brentis i'r bryntni,
   ysbïwr bach yr eigion bradwrus
   yn chwifio dy faner o benglogau ac esgyrn,
   a ffenestri dy long-danfor yn gollwng
   torpido ar ôl torpido
   fel hau gerddi Pen-twyn –
   cynaeafau'r angheuau hyll,
   feidrol ynfydrwydd,
   yn enw'r Sais a'i drais dreng!

A'r hon a'th ddug
   yn gwynnu wrth ddisgwyl, disgwyl,
   am air, am hanes, am arwydd
   amdanat o'r dyfnder
   â'r un hen bryder
   ag y disgwyliodd amdanat gynt
   o'r groth.

*Rhydwen Williams*

## Eu Cread

(Calais, Ffrainc, Mai 1940)

Fe beidiodd y tân o'r magnelau,
   Teyrnasodd tawelwch y nos.
Daeth cyfle i minnau gael edrych
   Oedd rhywun ar ôl ger y ffos.


Â llewyrch y lloer ar ein llwybr,
   Cyrchasom ymlaen at y ffos,
A'r golau diddanol o'r lleuad
   Yn lleddfu holl arswyd y nos.


Canfûm yno filwr yn gorwedd
   Yn llonydd, yn gelain, yn oer,
Ac olrhain y gwaed ar ei dalcen
   Ddangosai fel rhwd dan y lloer.


Mae'r wên wedi cilio o'i wyneb
   A'r gwrid o'i ruddiau braf:
Mae angau lle gynnau bu bywyd,
   A gaeaf lle gynnau bu haf.


Mi welais o'n cychwyn y bore,
   Bryd hynny â gwres yn ei waed –
Pob cymal, pob gewyn yn nwyfus
   A nerth yn ei freichiau a'i draed.


Ar faes y brwydro fe syrthiodd
   Fel blodyn heb agor yn llawn –
Cyn iddo gael cyfle i flaguro
   Yn gwywo dan haul y prynhawn.


Mae cartref lle magwyd yntau
   Dan ofal a nawdd rhyw fam,
Lle bu hi mewn pryd dihafal
   Yn ofni i'w bachgen gael cam.


Ond heno, ymhell oddi cartref,
   O gyrraedd ei fam a'i dad
Gorweddai eu cread, eu cynnyrch,
   Yn gelain mewn estron wlad.

Och ryfel! I'r alwad atebodd,
   Ei einioes a roes dros ei wlad;
Fe syrthiodd wrth ymladd dros ryddid –
   Ai dyma a elwi'n rhyddhad?


Ond ust! Mae'r tanio'n ailddechrau,
   Rhaid cilio wrth olau y lloer,
A gadael y milwr yn gorwedd
   Yn llonydd, yn farw, yn oer.


O. D. Timothy


*O. D. Timothy, a fu'n aelod o'r Corfflu Meddygol*
*Brenhinol yn ystod y Rhyfel.*
*Bu am gyfnod byr yn Calais adeg argyfwng Dunkirk.*

## Y Rhywbeth Hwnnw

Fe ganai'r llanc y gosber
   Yn araf ac yn ddwys,
Ac absen llencyn arall
   I'r nodau'n rhoddi pwys.
Gofynnem am ein cadw hyd y wawr,
A chadw'r brawd a aeth i'r rhyfel mawr.

Yng nghanol cysur cartref,
   A siriol olau'r tân,
Mae rhywbeth distaw, cyfrin,
   Yn mynnu drysu'r gân –
Rhyw ofn anesmwyth, fel yr hiraeth llwyr,
A ddaw i lethu'r fron pan ddelo'r hwyr.

*Mai o Fôn*

## Cuddio'r Graith

Fe gaeir ceudod hyll
   Ar ôl y bomiau tân,
Daw gwawr ar ôl y gwyll,
   A throir y cwyno'n gân.
Tyf gwellt a blodau dros y graith
Daw amser hefyd at ei waith.

Ond er i famau'r byd
   Ffugio gan wisgo gwên,
Erys y graith o hyd,
   Dyfnheir y crychni hen.
Daw lleithder loes i'r llygaid prudd,
A llithra'n ddistaw dros y rudd.

*Mai o Fôn*

## Colli'r Gân

Daw hedd i Lampedusa,
   A Phantellaria dlos,
Ar ôl y lladd a'r chwalfa
   A'r bomio ddydd a nos.

Cyfyd Lidice'n brydferth
   O ludw ei meini tlawd –
Yn golofn fyw i aberth
   Hyd eithaf dynol gnawd.

Bydd hedd ar dywod Affrig
   'Rôl ysgarmesoedd tân;
I lawer aelwyd unig
   Ni ddychwel byth mo'r gân.

*Mai o Fôn*

## Mehefin 1942

Mae gwaed ar dy fantell, Fehefin,
   A'th awel yn gwynfan i gyd;
Daeth angau yn llwybyr y ddrycin
   Sy'n difa gwareiddiad ein byd.

Mae'n nos, er dy hirddydd, Fehefin,
   Ac ing yn y gwyll yn ymdroi;
Mae'n nos yng nghartrefi y werin,
   A gwaeau o hyd yn crynhoi.

Er swyn dy rosynnau, Fehefin,
   Mae drain dan dy flodau i mi;
Anfonaist fy machgen i'r heldrin,
   A'i anfon ymhell dros y lli.

*Mai o Fôn*

## Y Ffoadur Bach

Fe'i gwelais ef heno ar gornel y stryd
    Yn unig heb gyfaill na brawd,
Heb do uwch ei ben yn afluniaidd ei fyd;
    Yn crwydro'n lluddedig ei rawd.

Ei gartref yn yfflon draw dros y dŵr,
    A'i geraint i gyd ar wahân
Yn ebyrth, bid siŵr, i fympwy rhyw ŵr
    A fynnodd roi'r cread ar dân.

Ac yn aberth i'r cledd, ei fam aeth i'w bedd,
    A'i dad ef a drengodd mewn trin,
Ac yntau'r diniwed yn waelaidd ei wedd,
    Dan draed y Gormeswr yn flin.

*James Ellis*


## Y Plant yn Napoli

Yma chwaraeai plant a'u traed yn noeth,
    Ar hir-sathredig setiau'r heol gul;
(Gwisg mynd i'r Eglwys oedd eu dillad moeth
    A'u 'sgidiau: dillad parchu'r saint a'r Sul).
Teidiau'n seiadu ar fainc o flaen eu tŷ
    Heb gymryd sylw o frwydr y gynau pren
Na choeg barabola grenadau lu,
    Na chwaith fwledi smalio uwch eu pen.
Yr egin gad heb 'sgidiau am eu traed
    Mewn heol gefn yn chwarae rhyfel byd;
Clwyfo a lladd heb un diferyn gwaed
    Yn cochi'r budredd hyd gwteri'r stryd.
Cyn eu harddegau byddai Il Duce fawr
Yn gelain grog, yn noeth, â'i ben i lawr.

*Selyf Roberts*

# Medi

Sŵn pladuriau'n torri
  Ar y meysydd ŷd –
Sŵn peiriannau'n medi
  Cnwd gobeithion byd.

Hir yw'r nos ddigysur
  Mewn bythynnod llwm;
Palla meibion llafur –
  Y mae'r medi'n drwm.

*Mai o Fôn*

# IX

# 'O'r Dwyrain'

# O'r Dwyrain
## (Detholiad)

Oddi tanaf mi welaf Libya o hyd
Yn fflawntio'i noethni euraid
A'r môr fel ci yn llyfu'i hystlys.
A chofiaf y wrach lychlyd, lwyd
Y gorweddais fisoedd lawer
Rhwng ei dwyfron hesb.

Pan oedd haf ar ei anterth dieflig y cariwyd ni dan ganu
Ar ruthr stwrllyd trwy Syria,
Heibio i'r gwragedd a'r perllannau beichiog,
Heibio i'r gwinllannoedd a'u hedafedd troellog,
A thua chodiad haul;
Pob un ohonom â'i ddryll rhwng ei liniau noeth
A'i wregys a'i strapiau'n rhy dynn amdano
A'r cwd ar ei gefn yn ysigo'i war.

Llosgai'r haul trwy'r tarpowlin du
A fflapiai fel baner Angau dros y lorri
Ac ysai'n boliau chwyslyd lle gwasgai'r gwregys.
Cofiaf fel y collai'r dŵr yfed o'r tun yn y gornel
A llifo'n ffrwd rydlyd rhwng ein hesgidiau.

Ffrwydrai llwch i'r awyr yn sgil y lorri;
Disgynnai, a chymysgu â'n chwys.
Ni welem hyd wyneb y milltiroedd moel
Ond gorchudd fel o eira budr –
Y gwahanglwyf sy'n llechwraidd ymledu
Ar hyd y croen iach.

Safem weithiau
A'r haul yn berwi'n ynfyd uwchben;
Gweld nad oedd dim i'w weld ond llwch
Ac ar y gorwel, fel pe'n dal yr haul,
Rithiol byllau dŵr.
Dim ond hyn, ac unwaith
Garafán o gamelod a Bedwin yn eu harwain –
O ble? I ble?

Y Bedwin digyfnewid yn eu cochlau clytiog:
Onid oes cysgod gwên ar ambell un

O'r wynebau tenau, syberw? Wynebau fel rhain
A syllodd ar odidowgrwydd Babilon a Ninefe,
Ar ambell ben-capten o Facedon
A chadfridog llawryfog o Rufain
Yn carlamu heibio, gan ysbarduno'i farch
A chodi'r llwch ar ei ôl.
A heddiw wele ninnau yn ein tro,
Goncwerwyr bregus,
Yn eu pasio mewn lorri i lywodraethu'r byd.

Ar ôl i'r haul ddisgyn i ganol y llwch
Llamai'r nos arnom fel blaidd.
Mi dannwn innau fy mlanced ar y llawr,
Gorwedd, a dechrau chwilio am y sêr.
Âi'r llawr yn oerach oerach.
Teimlwn y ddaear yn symud oddi tanaf
A minnau'n mynd yn rhan o'r ddaear
Wrth iddi fy nghario'n olwynog
Drwy'r diddymdra du uwchben.
Edrych i fyny o hyd
A gweld y sêr yn llosgi'n llonydd
Ac mor anhraethol glir
Nes bod eu golau gwyrdd ar fin crisialu'n fiwsig.
Pes clywwn unwaith byddai'n ddiwedd byd.

Pen ein taith oedd dinas lychlyd lle heidiai
Trueiniaid troednoeth yn y lonydd torchog
Fel clêr ar glwyf agored:
Dinas brudd, briddliw
Sy'n araf fwydioni i'r afon felen:
Dinas plant craff, esgyrnog
Sy'n arwain cardotwyr crwca
Heibio'r moduron newydd sbon a'r twmpathau oesol o garthion.
Dinas yr heintiau. Ai o'r ddinas fusgrell hon
Y marchogai gynt Fiziriaid y Califf
I hawlio teyrnged o Sbaen hyd Samarcand?
A meinllais taer y mwezin
Ar gopa'r minaret
Yn galw'r ffyddloniaid i weddi ac i ryfel
Pan oedd Islâm a'r byd yn ifanc.
Heddiw esgidiau trymion milwyr o wledydd tramor
Sy'n sangu ar ei brenhinoedd.

*Elwyn Evans mewn gwersyll gerllaw Baghdad.*

Mor hir ac mor ddi-bwynt y lluestem ger Baghdad
Yng ngŵydd y palmwydd blinedig
A bwysai dros y sianelau sych.
Cofiaf fel y llafuriem dan ergydion diddiwedd yr haul –
A blas halen ar ein gwefusau
A'r clêr diflin yn bwrw i mewn i'n llygaid –
I godi'n pebyll a gosod y wifren bigog.
A'r nosweithiau mwrn: cofiaf y foment hon
Deimlad y chwys yn treiglo i lawr fy ngwar
A'r lleithder a gasglai
Ar y ffwrwm lle'r eisteddwn.
A chofiaf fel y cariwyd mwy nag un
I gladdfa lom y milwyr
Ymhen teirawr ar ôl marw.

Ond ninnau oedd yn pydru, y dynion byw,
Pydru yn gorff ac enaid a dillad diferol.
Fe ymlusgasai llwch a llwydni'r wlad
Ar draws ein dyddiau,
A phan gymerwn innau o law'r Corpral
Ddarn soeglyd o bapur
A fuasai'n llythyr dair wythnos ynghynt
Ni losgai fy nghalon ynof: yr oedd Cariad yn pydru hefyd
A marw.
Ond gwn fod chwant yn brigo a blodeuo
Mewn ugeiniau o welyau gyda'r nos –
Gwelyau gwŷr mewn gwlad tu hwnt i gariad gwragedd –
A phob gŵr wedi ei faglu'n dynn
Yng ngheinciau disglair, diffrwyth
Ei ddychymyg dyrys ei hun rhwng cwsg ac effro.

Yn fy aflendid daliwn afael
Ar bob rhyw lendid prin, a nesu yn fy mhydredd
At bawb a oedd yn iach.
Cofiaf amdano
A welais gyntaf yn sefyll yn nrws fy mhabell
A'r haul yn taro ar wenith ei wallt
Ac yn taflu disgleirdeb o gwmpas ei ben.
Cu iawn fu ef gennym ni.
Y milwr wrth ei broffes,
A'i wedd a'i swagro ifanc a'i garedigrwydd
Yn achosi rhyw nerth a chysur.

Bu ef a minnau ar ddi-hun
    Ganwaith, yn gwardio'n gwersyll mawr,
A surni ar dafod sych pob un
    A grwydrai'n arfog hyd y wawr,
A'i wyneb llyfn dan galed olau'r lloer
Yn wyn, yn hen, yn oer.

Ef fyddai'r smartaf yn y rheng
    Liw dydd, gan ddiflin drin y dryll.
Pan gasglai ein gofidiau'n lleng
    Hiraethlon gyda'r sydyn wyll
Gwelais eu gwasgar rhag ei chwerthin clir
Ganwaith, o'r diffaith dir.

*Elwyn Evans*

# Y Gadair Wag

"Ydi Lybia yn bell iawn, Mami?
    Ydi o'n bellach na thŷ nain a taid?
Mam, i be' o'dd Dadi'n mynd yno?
    O'dd yna rywun wedi deud bod rhaid?

"'Ro'dd Dadi yn licio adra' 'ma,
    Mami, 'ro'dd Dadi yn licio'n Nhŷ'n Ddôl,
Peth od iddo fynd, yntê, Mami,
    Os o'dd o'n gwybod na ddeuai yn ôl?

"Biti! – pan ddechreua' i 'rysgol
    Bydd raid imi'ch gadael yma'ch hun,
Mami, Mami! peidiwch â chrio,
    Mi wna' i frysio i dyfu yn ddyn.

"Mi weithia' i'n galed fel Dadi,
    A, 'wir Mami, wna' i byth fynd i ffwrdd,
Mi weindia' i'r cloc, 'fath â Dadi
    A mi 'stedda' i'n 'i le fo wrth y bwrdd.

"Ga'i 'neud hynny, Mami, ga'i eista'
    Yn y gadair lle bydda' fo yn g'neud?
Mami - pam na ddeudwch chi rywbeth?
    'Dach chi'n gwrando beth ydw' i'n ddeud?"

*Mary Vaughan Jones*


## Medi

Siglo brig yr ŷd mae'r awel
    Draw yn Nyffryn Clwyd,
Ond nid oes ar draethau Libya
    Ddim ond tywod llwyd.

Cofiaf gymell yr hen gesig
    Ar y soflwellt crin,
Wrth in gludo'r styciau aeddfed
    Dros y cefnffyrdd blin.

Sglein y fidog welaf heddiw'n
    Medi arall gnwd:
Mae'r hen bladur dan y nenbren
    Wrthi'n magu rhwd.

Llon yw cân medelwyr eraill
    Draw yn nyffryn Clwyd,
Ond nid oes ar grastir Libya
    Ddim ond tywod llwyd.

*William Jones*

# Dwy Ŵyl

Gwelais Nadolig yma, gwelais Basg
  Heb laesu o sŵn y gynnau
  Ar wasgaredig rynnau;
Diarbed a fu'r dasg
O Ddydd Nadolig hyd at Ŵyl y Pasg.

Ychydig cyn yr ŵyl yn Alamein
  Cuddiais i amrannau deillion
  Diymadferth fy nghyfeillion,
A'u gadael ar y ffin
Ychydig cyn yr ŵyl yn Alamein.

Moelydd Tobrwc – ceisio anghofio 'nghŵyn:
  Pwy a ddeil y briw feddyliau
  Rhag llithro yn ôl yn ysig byliau,
Mae'r cof yn mynnu eu dwyn
At y twmpathau tawel ar y twyn.

Teithio drachefn, o ddiflan glwyd i glwyd,
  Teithio yfory, teithio drennydd,
  Mae'r ymdaith hon yn hen ddihenydd:
Ar fin y ffordd fe gwyd
Milwriaeth Rhufain yn adfeilion llwyd.

Tynnu tua Mareth, nesu at Ŵyl y Grog:
  Drwy rigolau'r coed olewydd,
  Wele yn wir diriogaeth newydd
I'r Angau drin yr og;
Bu'n trafod o'r Nadolig hyd y Grog.

Angau, oni ostegi dro dy law?
  Rhyngom ni a'r Aifft yn ddiau
  Mae cynifer Calfarïau
Ag a'th lytha'n llwyr - heblaw
Bod dydd yr Atgyfodiad Mawr gerllaw.

*R. Meirion Roberts*

*R. Meirion Roberts gyda swyddog.*

## El Alamein 1946

(Bu gwasanaeth coffa ar faes y frwydr)

Yno gynt yr hir ochneidiodd
Rhai a fu dan archoll odiaeth;
Mae pedeirblwydd er pan beidiodd
Trwst toredig trist tir adwyth.

Er pan glywsant, fyddar fudion,
Si y fagnel anwel honno
Cysgod roed i gwsg y drudion
Sef tud hen y tywod hwnnw.

Bedair blwydd 'rôl gwyro i'w gysgu
Diystwyrian mewn distawrwydd
Llwch fy nghyfaill fu'n cymysgu
Â gronynnau'r tir lle tariodd.

Heddiw safant lle bu'r brwydro,
Reng ar reng dan hirddwys amod,
A magnelau atgo'n ffrwydro,
A chatrodau cof yn symud.

Cenwch gân, clywch eiriau'r padre:
Tanbaid a fu'r llygaid llwgr,
Dyna ddeudroed na ddaw adre'
Hyd i'r lle yn Neheudir Lloegr.

*R. Meirion Roberts*

104

# X

# 'Bydd Huawdl, Wleidydd'

# Y Ffliwtydd

Yn ôl un awdur milain,
O ddeugain miliwn Prydain
Mae pedwar ugain ymhob cant
Mor dwp â'u plant eu hunain. –
   Llefara, Broffwyd.

I'r gad yr aeth yr hogiau
Er mwyn mynd o'u cadwynau.
Na ddoed y dynion a ddaw'n ôl
Yn ôl i'r un hualau. –
   Bydd huawdl, Wleidydd.

Mae'n adeg wan ar grefydd,
Annuwiol yw'r oes newydd;
Byddar fel oes Elizabeth
I'r Bregeth ar y Mynydd. –
   Gwaedda, Ddiwygiwr.

Mae'n bryd i rywun ruo,
Mae'r byd i gyd yn duo.
Eto ni wna'r prydydd gwael
"Ond canu a gadael iddo." –
   Na'th feier, Fardd.

'Rwyt frawd i'r eos druan,
Dy fodryb yw'r dylluan:
Hoffi leisio ar dy ffliwt
Ac ar dy liwt dy hunan
   Ryw hen, hen wae.

Gwae'r ddinas a roes glasur
A Cheidwad i bechadur.
Gwae y maes lle'r oedd y meirch
Yn llawn o geirch, a'r milwyr
   Yn feddw fawr.

*R. Williams Parry*

## Goresgyniad

(Cerdd hen ffasiwn)

### I

Fe ddaeth y Gaeaf Hitler
   I reibio'n hynys ni;
Fe yrrodd ei holl dreiswyr dreng
   Yn lleng ar draws y lli.

Daethant ar adain fuan
   Yn syth o'r awyr las;
Diffeithiwyd ceinder gwaun a gwern
   Dan sang ei gethern gas, –

Gauleiter Gwynt a'i Stormwyr,
   Gestapo'r Oerni sydd
Yn chwilio helynt dirgel flin
   Pob gwendid cyfrin cudd.

A llawer durol wron
   A ddaliwyd ar ei gae
I'w anfon gan ryw Himmler hyll
   I gyffion gwersyll gwae.

### II

Ond gyda'r bwgwth cyntaf
   Aeth mawrion gwlad ar ffo
A holl arglwyddi'r uchel ach
   I geisio brafiach bro,

Yr hen uchelwyr beilchion
   A'u gwaed teneulas brac
Dan ofn hualau'r teirant tynn,
   'Run wedd â'r llwfryn llac,

Dâm Eos a'i rhialtwch,
   Syr Gwennol chwimwth hael,
A'r Gog fu'n troi'r tenantiaid llwm
   O'u tyddyn gwelltglwm gwael.

### III

Ond safodd y gwroniaid,
   Hen werin ffrom y berth,
Heb ofni'r arf, heb ofni'r farn,
   Yn gadarn ac yn gerth,

Ned Nico a Dic Drudws
   A Robin, gochyn glew,
Twm Titw yn cardota'i fwyd,
   Wil Llwyd a'i galon llew,

Holl hogiau llwm y pentref,
   (O annarbodus griw!)
Heb ach, heb ddysg, heb fraint, heb fri,
   Yn drysti ac yn driw.

### IV

Ond Abram Ddu sy'n damio
   Â chrawc ei gecrus geg
Bob da, pob drwg, pob diawl, pob dyn,
   Â'r un amhleidiol reg.

*W. J. Gruffydd*

## Y Gaethglud

Er bod heddwch yn eu hesgyrn
Fe'u cipiant o ystlysau'r mynyddoedd,
Gan rwygo cyswllt y wefus a'r deth
A datod cwlwm breichiau.
Cynigiant iddynt
Wely yn yr anialwch,
Neu fedd yn y milain fôr.
Hudant eu merched â chibau
A'u rhegi i'r rhengoedd
Ac i'r melinau,
Lle y mae'r bir yn ffrydiau,
A'r ffrydiau 'run lliw â'r bir.
Fe'u haliant i'w hofelau
Lle mae cân yn llymhau cur;
Ac yno byddant deganau
I flysiau gwŷr y floesg iaith
A winga yn nawns angau.

Mae'r hogiau dan eu pynnau ar y paith,
A'r merched ym mharêd y maer;
Y waedd a glywyd gynt ym Mabilon
Nid ynganant hwy:
Ac ystyr eu troi a'u trosi
Ni wyddant hwy;
Ac os holwch: "Beth am yfory?"
Nid atebant hwy.

*Gwilym R. Jones*

## Englynion y Rhyfel

### Y Radio

Cân propaganda'n gyndyn,
Hysbys y dengys y dyn
O ba badell bo'i bwdyn.

### Y Werin

Werin a fu, mae'r hen faeth?
'Byw dan gamp yw bod yn gaeth;
Ni blygwn, yn boblogaeth.'

O faeddu, dyma fyddwn:
Meistri caeth ym mws Tre-cŵn,
Eiddo'r peiriant ddarparwn.

### Y Drefn

Drud bwyd a rhod bywydau;
Cuddio'r gwir, cyhoeddi'r gau;
Tolio'r blawd, talu â'r blodau.

### Y Milwr

Ei wobr yn fach: wybren faith,
Gwely pell ar gil y paith,
A'i Gymru fyth dan gamraith.

*Waldo Williams*

## *Dathlu*
### (1941)

Cliriwch o'r ffordd! Nyni yw'ch lladdedigion,
    Daethom i ddathlu yn eich lle am dro;
Nyni yw'r werin y bu'ch pendefigion
    Yn chwalu eu hesgyrn yn y llaid a'r gro.
Wele ni'n dyfod, heb na chnawd na giau,
    I hawlio'r briffordd ar ddydd mawr eich gŵyl;
Ciliwch o'n ffordd â'ch rhagrith a'ch gweddïau,
    Nyni fu'n trin y gwn a'r llong a'r hwyl.
Nid rhaid wrth greiriau, allor na baneri,
    Na chroes archesgob nac ymgroesi pab;
Chwi - mewn ystorm a giliodd i'r seleri
    Gan adael maes y drin i'r dewraf mab -
Clywch rygnu'n hesgyrn wedi'n trymgwsg hir,
Daethom, i ddathlu'ch brad o fôr a thir.

*T. E. Nicholas*

## *Dathlu*
### (1942)

Baneri'r traws yn chiwfio ar y tyrau
    Ac utgyrn buddugoliaeth wrth bob min;
Y bobloedd yn ymgasglu ar y cyrrau
    I ddathlu'r Dydd â dawns a gwledd a gwin.
Nid oes ymholi am y clwyfedigion
    Nac am y plant amddifaid yn y wlad;
Hwn ydyw dydd y teyrn a'i bendefigion,
    Ac uchaf pwynt gorfoledd aur a brad.
Brithir yr estron dir gan resi o feddau,
    A chronnir aur i gelloedd cudd y banc,
Heb gofio'r hiraeth distaw mewn calonnau
    O golli nodded tad a chwerthin llanc.
Ni chlywaf ond diferu'r gwaed, a chri
O odre'r Wyddfa wen hyd Galfari.

*T. E. Nicholas*

## Y Llef Ddistaw Fain

A safodd Dyn
ar ei ben ei hun
heb obaith mwy, ddim un,
pan oedd y byd
yn ymgreinio yn ei waed a'i wŷd,
o hyd, o hyd;
a gofynnodd Dyn
iddo ef ei hun,
yn ei wae a'i wŷn:
"I ba le yr af?"
Ac ateb, nid oedd un.

Yna, megis i'r wasgarfa fud,
gofynnodd Dyn,
yn ei wae a'i wŷn:
"Arglwydd, od wyt, i ba le yr af?"
A daeth llef,
megis o uchder nef
a'r dyfnder ef:
"Saf!"

Yntau, tan ei glwyfau'n glaf,
meddai:
"Arglwydd, pa beth a wnaf?"
A daeth,
goruwch pob cynddeiriog sain,
lef ddistaw fain:
"Saf!"

Meddai yntau:
"Arglwydd, pa fodd yr ymgryfhaf?"
ac eto,
goruwch pob cynddeiriog sain,
lef ddistaw fain:
"Saf!"

*T. Gwynn Jones*

# Gwleidyddion
## (1919–39)

Diystyrasoch ni, a fynnem greu
Byd dymunolach na'n dihiroes hon, –
Nyni'r genhedlaeth oedd â hir ddyheu'n
Dychlamu'n hyder gwanwyn yn ei bron;
A rhag mor fyr eich cof am rai a aeth
Ym mherigl einioes gynt ar fôr a thir,
Wele, ar sathr eu hil ddiniwed, daeth
Gaea'r amseroedd yn y dyddiau ir;
Bellach, wŷr stad y gwledydd, a fu'n nyddu'r
Dynged a'n daliodd, o feddyliau gŵyr,
A droech chwi raid yn gysur, a'n llonyddu
Am angof doe, a'r edifeirwch hwyr,
Am fod y plaeniau dur yn poeri'u tân
Ar hen ac ifanc heddiw'n ddiwahân?

*Edgar H. Thomas*

# Dathlu
## (Mehefin 8, 1946)

Rhyfelwyr gwaedlyd gwlad yn mynnu dathlu
    A chofio'r plant a fu'n ysglyfaeth fawr
I drachwant pendefigion. Torf yn cathlu
    Mawl i ragrithwyr. Cofiaf innau'r awr
Pan roddwyd croeso gwyllt i un o'r bradwyr
    A ddaeth â'i ddernyn papur yn ei law
I dwyllo dinasyddion tref a'r gwladwyr,
    A'u gyrru i drychineb gwaed a baw.
Yr un hen gwmni eto'n sôn am godi
    Gwareiddiad newydd ar sylfeini twyll;
Dynion na fynnant garu na chymodi
    A'u ffydd mewn gwerin wedi colli ei phwyll:
Mae'r bomiau ar eu taith y trydydd tro,
A gwagedd tyrfa'n denu'r farn i'n bro.

*T. E. Nicholas*

# XI

# *'Du Alar yw'r Nadolig'*

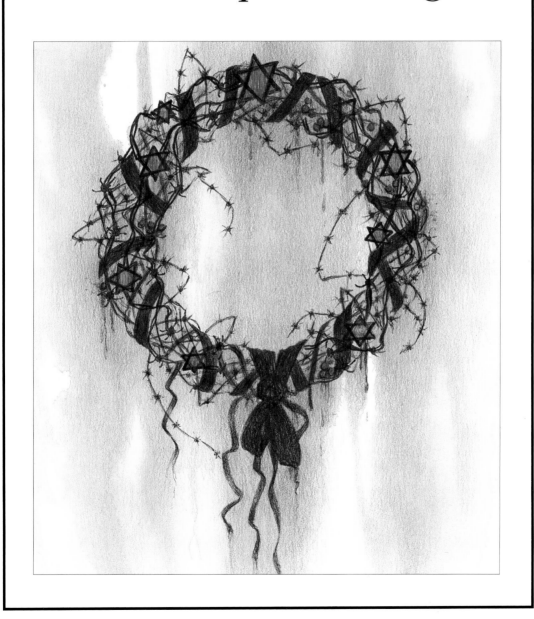

## Nadolig 1939

Aelwydydd mewn caledi, - du alar
    Yw'r Nadolig 'leni;
    Rho dangnefedd yw'n gweddi,
    Iôr y Nef, i'n daear ni.

*J. Dyfnallt Owen*

## Gŵyl y Geni 1941

Mae'r ffordd yn bell i Fethlehem
    Ar noson lem fel heno,
Ac anodd ydyw croesi llif
    Yr ugain canrif gwallgo'.

Aeth bugeiliaid i'w llechfâu
    Â'u gynnau yn eu dwylo;
Ni chlywant uwch llochesau'r dref
    Angylion Nef yn wylo.

Ni wêl y doethion hwythau wên
    Un seren i'w cysuro,
Ni chlywant ond argoelus rŵn
    A sŵn calonnau'n curo;

O! maddau, Grist, i'r drwg a'r da
    A winga rhag eu tynged:
Mae'r gwaed a lifa rhom a thranc
    Yn ieuanc a diniwed.

*Gwilym R. Jones*

## Nadolig 1941

Daethost eto ar hynt
    Ŵyl y Geni,
Ond ni chlywaf megis cynt
    Sŵn dy glychau glân eleni;
Mudan ym mhob man
Glochdy llwyd y llan.

Yn ffenestri'r fro
    Lle bu'r lampau ynghŷn
Fe ddiflannodd dro
    Li'r goleuni gwyn;
Mae canhwyllau'r Crist
O dan huddlen drist.

Draw ym Methlehem dref
    Gynt bu Mair
Yn clustfeinio ar lef
    Egwan yn y gwair;
Weithian pwy a'th glyw
Bersain barabl Duw?

Nid oes neb a wêl
    Seren lân y Geni,
Nid oes neb a glyw pan ddêl
    Unsain tlws y gân eleni;
Pwy a wrendy'r rhin
Drwy daranau'r drin?

*R. Meirion Roberts*

## Calan 1942

Calan yn gwynfan i gyd, – ochenaid
    A thrychineb enbyd;
    Dduw tirion! anfon wynfyd
    'Sgafno boen gwasgfeuon byd.

*J. Dyfnallt Owen*

# Y Clychau
## 1941 O.C.

Mud ydyw'r clychau heddiw:
    Ni chlywir ar y gwynt
Eu lleisiau'n galw'r bobloedd
    I'r plygain megis cynt.

Herod sydd eto'n ceisio
    Einioes y Baban Crist.
A chlywir llef o Rama,
    Wylo ac ochain trist.

Mae mwg allorau Moloch
    Yn cuddio wyneb nef,
A'r ffyddlon yn hiraethu
    Am olau'i Seren Ef.

Tyred, O, Seren siriol,
    Tyred i arwain dyn
Eto ar lwybrau'r doethion
    At grud y Sanctaidd Un.

*I. D. Hooson*

# Nos Nadolig

Nid ydyw'r bysedd heno rhwng y sêr
    Yn ymbalfalu am eryrod dur.
Mae'n wyn fy myd a'r nos heb olau têr
    Na chŵyn y seiren yn darogan cur.
Ni fflachia'r dreigiau lle'r oedd safnau rhwth
    Y gynnau'n cyfarth neithiwr ar y lloer,
Ni theifl taranau gryndod drwy fy mwth,
    Ni chyffwrdd ofn fy ngrudd â'i dwylo oer.
O'm blaen mae'r Llyfr a'r bennod hynod hon
    Am wŷr a ddaeth o fyfyr hen y rhos
I ddinas Herod falch â chamau llon
    Â'r newydd am a welsant hwy liw nos …
Liw nos … A chwilia doethion heno'r nef
Am seren fach a'u dwg i'w breseb Ef?

*T. Rowland Hughes*

## Geiriau mewn Dyddiau Du
### (Nadolig 1941)

Uwchlaw rhyferthwy'r tanciau croch,
Uwch oersgrech bom a'r seiren fain;
Gwrando dros ffiniau'r ddaear goch
Hen fiwsig yr angylaidd sain.

Mae safn y ddraig uwch Lybia grin
A llid yr uffern yn ei phoer;
Mae staeniau'r gwaed dan gangau pîn
Rwsia ar fron y gwynder oer.

Llysg fflam ar li'r Tawelfor pell
Fel gwêr ynysoedd pêr y palm;
Ust! daw o'r nos newyddion gwell
Ymchwydd y garol wiw a'r salm.

Hwnt i holl drwst y corddi trwm
O galon yr aderyn dur,
Wele uwch fflach y belen blwm
Sefydlog wawr y seren glir.

Mynned y bydol ffordd ei rym
Ar uchel fannau rhwysg a moeth,
Na ro dy fryd i'w ddilyn ddim,
Ymestyn di at gyrchfa'r doeth.

Ond O! mae'r gwaed ar d'aelwyd, frawd,
A snwffian Herod ar y gwynt;
Ac eto yn ei symledd tlawd
Ti ffeindi'r gobaith megis cynt.

"Neithiwr bu cyrch! ... Dan nos y braw
Anafwyd nifer! ... drylliwyd tai!"
Eto yn Ninas Dafydd draw
Mae 'meddyg i'r gwywedig rai'.

*J. M. Edwards*

# Cerdyn Nadolig 1941

Gabriel at y Goruchaf Dduw: O Frenin,
    Chwim ar Dy hen orchymyn fu fy nhaith
I sbïo'r tir – a gweld pwy sydd eleni'n
    Chwifio llumanau briw Dy ryfel maith.

O Fethlehem, fel arfer, y cychwynnais,
    Fel arfer, er pan roed i gnawd y Gair,
Yno, fel arfer, fy mherswadio a fynnais
    Mai gwag y preseb ac mai marw oedd Mair.

Digyffro bro'r bugeiliaid, oedd yn cysgu
    Ymhlith eu preiddiau ofnus yn y glyn,
Ac nid oedd yno seren chwaith i'm dysgu
    Pa lwybr yw Llwybr y Doethion erbyn hyn.

Edrychais ar y map, a thua'r Dwyrain
    Troi, a chael pylu min y cynnar ing
O glywed nodau pêr Dy wâr arwyrain
    Yn nhemlau Tokio ac yn nhai Chungking.

"Arglwydd y Lluoedd, dyro ddur i'm gewyn,"
    Ymbiliai'r taer weddïwr yn Japan,
"I daro i lawr y Bwystfil o'r Gorllewin
    A gogoneddu D'enw yn y man."

"Dad fy hendadau," ebe'r weddi o Tseina,
    Ymlid yr annuw sydd yn treisio'n tir,
Tywynned heulwen ddwyfol y Sheceina
    Ar filwyr Dy gyfiawnder Di a'th wir."

Dros anial wastadeddau tir Siberia
    Prysurais tuag Iwrop yn ei gwaed
A gwylio yno ddewrder gwŷr a heria
    Gawodydd dur a thân ar gadarn draed.

"Arglwydd y Lluman Goch, parha i ennyn
    Ynom y tân a lysg D'elynion Di
A'u difa," ebe ysbryd tanllyd Lenin,
    "O ddyfnder enaid Rwsia y daw'r gri."

"Arglwydd y lluoedd, gwêl Dy laddedigion,"
    Ebe llef groch o fagddu fawr Berlin,
"Cymer hwy'n aberth gan D'etholedigion
    A dyro fuddugoliaeth fuan in!"

Trafaeliais fyd rhyfeloedd coch nes glanio
    Rhwng tyrau creithiog y Llundeinwyr llym
A'u caffael hwythau hefyd wedi eu tanio
    Gan fflamau Dy gyfiawnder Di a'th rym.

Ond draw mewn pentref bach ar gyrrau Cymru
    Gwelais bererin ar ei ddeulin ddoe.
"Arglwydd y Lluman Wen," ebr ef, "O drymru
    Rhyfela rho im fyr, fendigaid hoe."

*Pa le mae Llwybr y Doethion, Dad, O! dywed,*
*Llefara, Arglwydd, mae Dy was yn clywed.*

*Caradog Prichard*

# Y Nadolig (1941)

Nid un o'r sêr ar ryfedd daith
   A lonna'r nef eleni,
Â'i thywyn claer yn arwain byd
   Drwy anial ei drueni;
Bydd goleuadau brad uwchben
   Nid seren wen eleni.

Ni ddaw y doethion at y crud
   O sŵn yr hen gasineb,
A gweld yn wyneb plentyn bach
   Wawr annwyl dydd gwarineb;
Bydd gwaedd ymffrostwyr yn ein mysg,
   Nid dysg y doeth eleni.

Ni saif yr angel uwch y maes
   I eilio'r pêr garolau,
A dyfnder nos ar drai o gylch
   Dan wawl ei adain olau;
Bydd nadau llid uwch byd achlân,
   Nid mwynder cân eleni.

Ni ddychwel bugail at ei braidd
   I wylio'n ddiofalon,
A thaith y nos a'r neges fawr
   Yn olud yn ei galon;
Na, ni bydd bugail gyda'r praidd,
   A'r blaidd a'u caiff eleni.

O Grist, mae'r llety eto'n llawn
   O wŷr yr oes ddisberod,
A Chesar fawr sy'n trethu'r byd,
   A thyr gelyniaeth Herod;
Ac ni chei dithau hyd yn oed
   Y preseb coed eleni.

*T. Eirug Davies*

# Nadolig Ewrop
## (1945)

Tywyllach yw'r nos na nos y bugeiliaid hen
Ac oerach, os rhywbeth, yw'r gwynt,
Ond diau, fy mwyn gyfeillion, y cerddwch eleni
Tua Bethlehem eto fel cynt.
Eithr nid mor gysurus y daith, canys rhyngoch a'r preseb
Ymestyn briw llawer bro,
A thrueiniaid bach unig Nadolig diaelwyd
Heb hosan a thegan a tho.

Distawach yw'r gerdd na cherdd yr angylion hen
Ar serth orielau'r sêr;
Nid hawdd yw ailennyn y cywair a fu gynt
Yn parablu'r tangnefedd pêr.
Diglychau eleni fydd llawer tŵr
Er pan fu'r gwaed ar garpiau Ffrainc;
Hyd fil o adfeilion carneddog, di-ddrws
Ni ddaw'n ôl na charol na chainc.

Pellach yw'r ffordd na thywodffordd y doethion hen
At le'r geni dros gyfandir o fedd;
A chofio'n flin lawer gwerin sy'n gorwedd
Lle mae'r meinwynt glas yn gledd.
Tywyllwyd y seren oesol gan fwg cyflafan.
Mae'r dwyrain draw yn drist:
Didrysor fydd henllawr y preseb gwael
Os yw'n doethion heb weld y Crist.

Llymach yw'r newydd deyrn na Herod hen,
Byr yw ei barch i'r byw;
Myn iddo'n deyrnas randir yr ewyllys da, –
Y Brenin Newyn yw.
Trwy Lydaw a Groeg a thros lannau Rhein.
Hon yw'r ffordd at y Mab sydd i'ch dwyn;
Nid yw mor gyfarwydd na chysurus ychwaith,
O! na … fy nghyfeillion mwyn.

*J. M. Edwards*

## Nadolig Cyntaf Heddwch

Nosau llawn miwsig a charolau llon,
difyr chwedleua hyd y bore bach;
Nadolig eto – ac wele'r wyrth drachefn,
na chanodd yr hen rin i Gymru'n iach!

Y bechgyn 'ddaliwyd gan yr Angau glwth –
tyner fo cwsg eu hir alltudiaeth hwy:
hiraethwch, frodyr, pa le bynnag 'boch,
dan lwch dinasoedd nad adferir mwy.

Canys yr ofn a'n gwawdiodd cyn y drin,
anwir a fu. Ni thorrwyd cwmnïaeth glyd
heniaith y tadau, diofal chwerthin plant.
Diolch, gymrodyr: melys fo'ch hiraeth drud.

*Alun Llywelyn-Williams*

# XII

# 'O! Egni Byw Mor Llonydd dan y Lloer'

## Ymladd Gorffennaf 1942: Er Cof

'Fe ddaeth, fe ddarfu dydd eich oed â'r Angau,
  Dyfal eich darpar at y neithior dwys;
Ciliodd o'ch eiddil gyrff yr olaf bangau.
  Ni'ch lluddir mwyach gan y dydd a'i bwys.
Mor ddiwyd ddedwydd yn y wlad oleulon
  Y rhodiech gynt mewn llawen chwedl a chân,
A'ch sôn a'ch siarad am yr offer creulon,
  Calibr y tanciau, rhin y gynnau tân;
Heno ymhell ym mangre drist eich marw
  Gwelaf ronynnau'r tywod mân yn cau,
Fe'u chwyth y gwynt ar ael yr anial garw
  Yn haen ar haen dros eich sgerbydau brau,
O! gyd-gymdeithas fud! O! lendid oer.
O! egni byw mor llonydd dan y lloer.'

R. Meirion Roberts

## Molawd y Milwyr

(er cof am rai ohonynt)

O gaeau y bryniau brith – y troediant
  I gatrodau rhagrith;
O gyrrau gwlad gwair a gwlith
Troi i fallter y felltith.

Troi o hedd tir y waddol – i diroedd
  Yn y Dwyrain Canol;
Tros dywod digysgodol
I'r bedd yr ânt ar eu bol.

Ar hyd ambell awr danbaid – yn gwylio
  Nes y gwelwa'r llygaid.
Un ornest – ennill dyrnaid;
I ennill hyn colli haid.

Yn rhengoedd y cynnar angau – yn gam
  O dan gur yr arfau.
Ciwed y lludded a'r llau
Heb un gân dan bwn gynnau.

Yn frau o'u clwyfau a'u clefyd – syrthiant
  Tros werthoedd eu mebyd;
I ennill nef ânt hefyd
I ffwrn boeth uffern y byd.

Yn oer dan wenlloer, mewn hunllef, – cyfyng
  Yw cofio'r hen gartref;
Llawer llanc, er llawer llef,
I'w odrig ni ddaw adref.

J. Eirian Davies

## Beddau

(adeg rhyfel)

Piau'r beddau newyddion,
Ddu restr bröydd yr estron,
Y dienw feddau dan don?

Beddau dibrin y trinoedd,
Tai'r meirwon is to'r moroedd,
Y llu dewr dan bell diroedd.

Beddau caeth ar drist draethau,
Gwŷr glew ar oergwr glannau
A rhawd eu cur wedi cau.

Beddau Normandi, briw bro,
Nid crand mo fedd comando,
Hyll y chwyn bellach yno.

Beddau chwâl yr anialwch,
Dewrion llesg rhwng drain a llwch,
Wedi hwyl, hir dawelwch.

Beddau pwy sy'n y dwyrain?
O'u hen fro ai ango' y rhain?
Chwa'r hwyr yw eich arwyrain.

Beddau crin arwyr dinod,
Hyd eu clyw ni red eu clod
Draw i'w tai dan do'r tywod.

Beddau plant yr Atlantig,
Ar hyd llawr y dywyll wig
Eu rhan yw rhan yr unig.

Beddau di-salm yr Almaen,
Byth rhagor heb fynor faen
Ond mur yr hen dŷ ar daen.

Beddau Caerdydd a'r De,
A Llundain drist a Bryste,
Beddau tai Abertawe.

Beddau bach rhai'n beiddio byw,
Pwy ŵyr fan pob bedd heddiw?
Du yw gwarth gwareiddiad gwyw.

*J. M. Edwards*

125

## Hen Fyfyrwyr

(Er cof am D. J. Evans,
Coleg Caerdydd, ac eraill.)

Hen glwt o ynys chwyslyd,
   Rhyw froc ar li'r Môr Tawel,
Yn un o domen ddryslyd
   Mewn bedd di-law, diawel.
Ym mhydew'r clwyf a'r geri,
   A'r hun ddi-boen dragywydd
Mae drych o hynt Pryderi
   A thinc o hoen y cywydd.

Dan dywod cras yn cysgu
   Yng ngwlad yr hen gaethiwed
Ar hanner oed ei ddysgu
   Yn ienctid oes ddiniwed;
Heb gof am gas at elyn,
   Wrth fedd yr anial llydan,
Mae islais o Bantycelyn,
   Ac ysgubau Manawydan.

Ar dir y mawr ddoethineb
   A mynydd duwiau'r Awen,
Mae olion awr wylltineb
   A beddau lu aflawen;
Dan orchudd y maith dawelwch
   Murmuron sydd eto'n aros,
Brith gof o'r 'Wedi elwch'
   A rhin 'Anatiomaros'.

Gwinllannau'r coeth sonedau
   Ac orielau'r llun a'r ddelw,
Heddiw dan graith bwledau
   Ar ôl y gamp ddielw;
Yno heb sôn am ennill
   Dan borfa di-raen erddi
Mae tannau coll heb bennill
   A phersawr y 'Blodeugerddi'.

Ar draethau gwlad y glanio
   A llain y cadau geirwon
Mae'n ddistaw twrf y tanio,
   Distawach torf y meirwon;
Yn gymydog â'i elynion,
   Y llanc a garai drafod
Teyrndlysau'r gell Englynion
   A thrysor cudd Cerdd Dafod.

Dan donnau Môr Iwerydd
   Mae cysgod eto ar grwydyr
O ysfa ddileferydd
   Ymdrechion arall frwydyr;
Gwlithyn sydd yn y dyfnder,
   Hanfod yr hen egnïo,
A llewyrch ar fron y llyfnder
   O gip ar degwch Llïo.

*T. J. Morgan*

## Er Cof am Edgar

(Edgar Jones, Cwm Penmachno. Bu farw'n filwr yn Yr Eidal
yn yr Ail Ryfel Byd)

O'th blegid y gofidir – yn y Cwm;
   Er cymaint yr wylir
Ni chei, lanc mwyn a chywir,
Droi yn d'ôl o'r estron dir.

*R. E. Jones*

## Er Cof am Goronwy Harcombe
### (H.M.S. Dunedin)

Bu'r newyddion yn hir yn dod
ond daethant o'r diwedd –
mewn pryd i'r Nadolig.
Mae'r llanc wedi marw,
yn y môr mae ei fedd.
Y mae diwedd i'n pryder,
diwedd i'r nosweithiau aflonydd,
diwedd i ddisgwyl y post,
diwedd i gyffro'r teligramau,
diwedd i ddarllen â llygaid blin
bob hanes am longau mawrion
yn gorchfygu
neu'n orchfygedig.
Gallwn eistedd yn llonydd yn awr
frig nos, heb blethu dwylo
i weddïo …
O Dduw! Yn lle'r eang Ymerodraeth
a Rhyddid a Gweriniaeth
na chawn y crwt yn ôl!

*J. Gwyn Griffiths*

# Merthyr

(I gofio T. D. Thomas, B. Sc.,
a fu farw yn garcharor yn y Dwyrain Pell)

Gwreiddiai ei gariad ym mynyddoedd Penfro
    A thrwm fu'r hiraeth wrth eu gado'n llwyr;
Trigfan ei werin annwyl oedd ei henfro
    A'i grug yn fflam anniffodd gyda'r hwyr.
Ar lwybrau addysg y bu ef yn brwydro
    A'i gartref yn y Coleg ger y lli;
Ei serch yn cofio'r Frenni ac yn crwydro
    O bob caledwaith i'w llechweddau hi.
Trist oedd ei galon pan ddaeth amser cefnu
    A throi ei wyneb tua'r Dwyrain Pell;
Drysu pob bwriad wedi'r dasg a'r trefnu
    A'i gael ei hun yn gaeth mewn estron gell.
Melltith fy ngwlad ar wŷr a'i gyrrodd ef
I wywo rhwng y barrau ymhell o'i dref.

*T. E. Nicholas*

# Y Bedd yn yr Eidal

(Richard Lloyd Williams, Maenofferen, 1943)

Er rhoi i'r dewr arwr dwys, – ran o lwch
    Estron wlad i orffwys,
Iôr a'i cyrch o ddyfnder cŵys
    Yr Eidal i Baradwys.

*R. J. Roberts*

# Er Cof am Glyn Roberts

Heddychwr a laddwyd yn yr R. A. M. C., Mehefin 10, 1944

Rhywfodd o'i anfodd yr aeth – i dyrfus
    Bladurfa'i genhedlaeth.
O! mor bell yw ei gell gaeth
    A heulwen ei ddynoliaeth!

*Gwilym R. Jones*

## Er Cof

(Cyflwynedig i ferched Cymru)

Aeth yntau yr un ffordd â'i dad –
Fe'i lladdwyd 'dros ei deyrn a'i wlad',
Ac ni ddaeth dim yn ôl o'r drin
Ond botwm pres a rhuban crin.

Ac, fel ei fam, ei weddw fun
A syll trwy'i dagrau ar ei lun
Pan na bydd arall dan y nef
Yn gweled gwerth ei aberth ef.

Aeth dwylath o ddynoliaeth lân
Yn ddarlun ar y silff-ben-tân,
Ac erys 'rhyddid' megis cynt
Yn nodyn ffug yng nghorn y gwynt.

Mae hithau'i wraig y foment hon
Yn maethu'i febyn ar ei bron;
Cyn hir caiff hwnnw, fel ei dad,
Ei ddarnio 'dros ei deyrn a'i wlad'.

*Gwilym R. Jones*

## Cwymp Cedyrn yr Allt

(Rhyfel 1939)

Hiraethu'r wyf ar riw a thro
O'u gweld yn mynd i'w harwyl hir,
Y deri a'r gwern, yr elm a'r ynn,
    Canwriaid tal y tir.

O gwm a glyn a blaenau gwlad
Carlama'r angladd ar ei daith
Heb orchudd tros yr elor hyll
    Na'r un galarwr chwaith.

Barnwr y weddw dlawd a Thad
Amddifaid llwm yn dyner fo
Wrth ddiamddiffyn adar llwyd
    A gollodd glwyd a tho.

Ac wedi dydd yr aflwydd tost,
Heb neb a alwo ddu yn wyn,
Na foed yn angof aberth mawr
    Y lladdedigion hyn.

*Crwys*

## Y Tri Llanc

O hedd yr hen fynyddoedd
    Yr aethant dros y ffin
I'r rhyfel ar y seithfor
    A chwerthin ar eu min.

Gwladgarol glod y gwron
    Ni cheisiodd 'r un o'r rhain,
Ond carent bob ysmaldod,
    A merch a brethyn main.

Mae bysedd gwinau'r gwymon
    Ynghlwm amdanynt hwy,
Ac amdo gwyrdd y dyfnfor
    Sydd dros eu hesgyrn hwy;

A heno, ar Draeth y Lafan
    Mae'r gwylain cryg yn gôr
Yn crio am dri o lanciau
    Sy'n nrysni dwfn y môr.

*Gwilym R. Jones*

## Milwr: Griffith Jones, Trawsfynydd

Affrig, hyd fore'r deffro, – a geidw glai'r
    Gwiwdeg lanc o Gymro;
Heulwen lôr a liniaro
Wyll ei fam o'i golli fo.

*William Morris*

## Y Diffeithwch

(Er cof am D. F. S.)

Distawodd sŵn pob brwydro
  Yn ei affwysedd o,
Minnau ar derfyn crwydro
  Pan geisiaf ddwyn i go'
Yr hir alarus rawd
  Dros donnau llaith y môr,
Ni thraidd fy ffansi dlawd
  Braidd heibio i drothwy'r ddôr.

Di–drwst a di–ddiddigfan
  Ydyw'r diffeithwch mawr,
Nid oes nad yw unigfan
  O fewn ei gwr yn awr;
Mae'r rhai a'i cerddodd gynt
  O'i ddwyrain hyd i'w derfyn
Ar ryw syfrdanol hynt?
  Heno nid oes a'u herfyn.

Weithion nid oes a ddirnad
  Yr hen ddolefau gynt;
Pwy heno a glyw hirnad
  Aderyn nos, a'r gwynt?
Mae clust – ond nid yw'n clywed,
  Llygad – ond ni wêl mwy,
Mae tafod – ond ni ddywed
  Ddim byth amdanynt hwy.

*R. Meirion Roberts*

131

## Bachgen o Filwr

Cenaist â'th ieuanc ynni, – ond i'th gwrdd
    Daeth y gad a'i hoergri.
Yn ei storm, os hunaist ti
Hun y bedd, hen ni byddi.

*William Morris*

132

# XIII

# 'Wedi'r Drin'

## Wedi'r Drin

(Ar ddychwelyd o'r Almaen, Chwefror 1946)

Deffro sydd greulon, gan mor llwyd
y treiddia'r cyfddydd trwy'r ffenestri budron;
ar foelni'r ford, y gwydrau gweigion,
a chysgod cof am y cydymaith chwith
a rwydai'n miri trist â'i lwth grafangau;
O ryfedd rwyg! ymgiliodd Angau.

Gwell fyddai pe na chawsem weld
mo'r dall ddinasoedd, mo'r trefi mud a byddar,
crechwen sgerbydau'r tai ymhongar
a digrif dyllau'u hymddatodiad brwysg.
Daliwn y darlun byth yng ngharchar ein breuddwydion,
cartrefi'r crwm a muriau'r meirwon.

*Alun Llywelyn-Williams*

## Gobeithio

Pan dawo'r dadwrdd gwallgof yn y tir
A'r meirwon trist yn fud ar lawer llain,
Gobeithio na bydd gorymdeithio hir
Ynghylch y rhain.

Gobeithio na bydd canmol mawr ar goedd
I dryblu'r meirw a sarhau y byw,
Gobeithio na ddaw'r utgorn cras ei floedd
Byth ar ein clyw.

Diau daw dydd i gyd-gydnabod gwaith
Rhai a gyflawnodd eu diddewis ran,
Gobeithio na bydd ymhuodli maith
Uwchben y fan.

Gobeithio mai distawrwydd dwys a gawn,
Fe wedda i'r sawl a ddaeth drwy gystudd prudd
Gan rodio'n araf am na ŵyr yn iawn
Pa beth a fydd.

*R. Meirion Roberts*

# Dechrau'r Diwedd

### 1. – Mehefin

Ers tro ni ŵyr eu tadau
  Na'u mamau ddim o hynt
Y llanciau oedd yn hogiau
  Yn iard yr ysgol gynt.
Dihoeni a wna rhieni'n awr:
Mewn rhyfel mwy na'r Rhyfel Mawr.

### 2. – Gorffennaf

Ple maent? Mae rhai'n y ddaear
  Dan ro rhyw dramor draeth;
A rhai yn iard y carchar
  Yn diolch nad yw waeth.
Mae gobaith mab o garchar, oes,
Ond nid o'r graean sydd dan groes.

### 3. – Awst

Mae rhywun yn y papur
  Yn gweld y wawr o draw;
A rhywbeth yn yr awyr
  Yn dweud ei bod gerllaw.
Sirioli a wna rhieni'n awr:
Rhieni na bu'u llenni i lawr.

*R. Williams Parry*

135

## Mynwent y Milwr

Miloedd o groesau bach gwynion,
 Colofnau gwallgofrwydd ffôl;
A thrysor rhyw galon o dan bob un –
 Rhyw eilun na ddaw yn ôl.

Heuwyd cynddaredd a dicter;
 Bu'r medi; – a dyma'r tâl;
Ienctid yn ebyrth dieflig nwyd
 A breuddwyd eu hoes ar chwâl.

"Cysgwch, ni'ch deffry mwyach
 Na magnel, na bom, na chledd;
Mae'r gwledydd yn prysur arloesi'r ffordd –
 Y briffordd i'ch plant gael bedd."

*Mai o Fôn*

## Trannoeth y Drin

Clywais fiwsig y clochdai
 Yn treiddio o ffin i ffin,
A ninnau'r concwerwyr yn cyrchu
 I'r temlau ar derfyn y drin.

Baneri amryliw yn chwifio,
 Coelcerthi yn dringo'r nef,
A chanu emynau a dawnsio
 Trwy'r nos ar heolydd y dref.

Merched fel brigau crynedig
 Yn simsan uwchben eu traed,
A gwŷr a gwragedd Bethania
 Yn boddi'r cynhaeaf gwaed.

*William Jones*

## Er Cof

(Ar gerdyn Cyfarfod Croeso Mynydd Bach, Abertawe,
ar ddiwedd y Rhyfel)

Rhai annwyl sy'n nhir huno – am ennyd,
 Ond mynnwn eu cofio,
Y rhai isel, heb groeso
Na brawd nac Eglwys na bro.

*O. M. Lloyd*

## Cwpled ar gyfer Cofeb Mynydd Bach

Hon yw eu llef yn y llwch:
'Oni haeddwn ni heddwch?'

*O. M. Lloyd*

136

# Ym Merlin – Awst 1945

## I. LEHRTER BAHNHOF

Heledd ac Inge, pan fo'r ffaglau'n goch –
Inge, neu Heledd, sut? ein twyllo mae'r blynyddoedd –
wele'n cyfarfod, ar ryw gyd-blethiad o'r edafedd chwyrn,
y pell siwrneiwyr ar ddamwain dan y cloc.
Ar ddamwain tybed? O'r orsaf hon, 'does
na chychwyn taith, na'i therfyn, oni chaed
i'w briw lwyfannau derfyn pob teithio mwy.
Codwch eich tocyn tlawd i'r fan a fynnoch;
hir, hir yr aros sydd i'r dyrfa hon,
hir ei hamynedd a di-ystŵr,
canys y bwled dall a daflodd fy nghelain hurt
i'w phwd ar rwd y rheiliau,
rhoes adlam hefyd, drylliodd y gwydr crwm, rhwygodd y bysedd ymaith
a bwyntiai fynd a dod
urddasol fwstwr yr olwynion cras.

Aeth heibio'r corwynt –
ac o'r agen yn y wal, o'r crac yn y palmant,
gofera'r dŵr heb seinio cân y nant.
Difera'r nos o'n cylch.
Chi deithwyr anghofiedig, gan ddistawed ŷch,
casglaf ynghyd fy nychryn, a'i osod dro
yma ar odre bywyd, ei godi o'r llawr llaith,
a rhannu'ch disgwyl am yr orsaf feistr.
Llifed distawrwydd rhyngom; gwyliwn drachefn,
wedi'r di-fudd ganrifoedd,
y lafa'n treiglo'n ara' hyd yr hewl,
y taenu'r tywod tros feddrodau'r teyrn,
a molwn lendid yr aelwyd hon dan glafr y callod llwyd.
(Bu hynny 'slawer dydd, nid clir mo'r co'
ai'r un fu'n tynged ni bob tro;
ond cyn chwythu'r pontydd, buoch chithau ar ffo.)

Llym ydyw'r awel; Heledd, na chryn, nac wyla;
hwde dy hyder, ynghudd ar wely cyfleus y rwbel,
yn rhodd am flasu'r sigarét, am sugno'r siocled,
cei estyn dy serch i'r concwerwr unig.
Difera'r nos ddidostur.
Pa bryd y daw, pryd, pryd, y swyddog glas,

137

a'i wisg drwsiadus, a'i ddidoledig chwaeth,
i ganu'i gorn ac ailgychwynnu'r rhawt?
Dinas rodresgar, fras, 'fu hon erioed
ac addas i'w hadfeilio;
a glywaist tithau, Heledd – na, Inge archolledig, –
chwerthin croch yr eryr eiddig,
a welaist ti, yn ei olygon hanner cau,
ragosodedig ddelw'n holl ddinasoedd brau?


## II. ZEHLENDORF

Daethai'r angau i'r ardd gyhoeddus:
y bedd bas a welais i, y groes bitw o bren
rhwng y llwybr troed a glan y llyn
ar y penrhyn bychan lle tyfai'r coed pîn tal:
rhyfedd pe gwnaed ym Mharc y Rhath, yng Ngerddi Kensington,
yr ystum ofer a thruenus hyn.

Penlinia, Inge, a chusana'r pridd:
os mynni, taena'r blodau'n dyner ar y dewr:
na ddyro enw arno –
fe ffodd y plant o'r fan ers tro, rhyw degan briw
o gwch hwylbrennog trist a erys o'u chwaraeon hwy.

Cynefin yn ddiau, pan ddêl, yw'r angau
sy'n dringo'n dosturiol i'n gwely ar derfyn yr hirddydd,
sy'n disgwyl amdanom ar gyrrau eitha'n gwybod,
ar gopa uchaf Everest, yno i gyfarch ein grym:
a roes yn y dyddiau a fu,
hirgwsg a cherdd dragywydd i wyliwr y rhyd,
amddiffynnydd y ffin.

Och! ni lefarodd y cnaf, yma, wrth y groes anhysbys,
ai'r ofn ar ffo a drawodd hwn,
ai brwysg anobaith yr herio unig,
ai'r fflam ddifaol o danau Belsen a'i cnodd?
Nodwyd y bedd yn syml, ac uwch ei ben
ni fentra'r coed proffwydol addo
y daw drachefn y gwanwyn ar ei dro.

## III. Theater des Westens

Mae'n dal i fwrw. Rhywle yn y to
   gorlifa'r gronfa gudd ym mlaen rhyw grac,
a thrwy'r tywyllwch caeth, llithra'r diferion
   anhapus, cyson, i drochi'r carped llac.

Boed felly. Bodlonwn wylio Inge'n dawnsio,
   dawnsio lle cronnir llewych y trydan gerwin;
cryfach na'r ofn a lecha yng nghuriadau'r glaw
   yw'r miwsig sy'n magu hyder ei breichiau hydrin,

sy'n llywio gorfoledd pob disgybledig osgo.
   Yn ôl ei chamau chwimwth, fe dyf y meillion –
o'r baich wrth ei bron, boed lawen y fam drachefn,
   boed siriol y meddyg blin wrth ado'i gyfeillion!

Oblegid hir fu'r hyfforddiant, a thrwyadl ei dysg
   mewn llawer dinas hen; a llawer oes
fu'n llunio'i chain gelfyddyd, y grefft sy'n gnawd
   ar ymnyddiad y nodau, sy'n puro'r gyntefig loes.

Yma, mae gardd i'w thrin, haint i'w hynysu;
   wedi tyngu'r llw diymwad i'w huchel urdd,
mor ysgafn y rhodiwn ninnau'r llwyfan galed, y profwn
   o'r nerth yn y nwyfre, o'r grym yn yr egin gwyrdd.

*Alun Llywelyn-Williams*

## Ar Gofeb Ryfel
## Ysgol Dyffryn Nantlle

Hon yw allor ein colled, – cofadail
   Cyfoedion dinodded
  A ddug groes cenhedloedd Cred
  Yn ieuanc a diniwed.

O nawdd yr hen fynyddoedd – y rhwygwyd
   Ir egin ein cymoedd;
  A llosg berth eu haberth oedd
  Yn ysu y teyrnasoedd.

Anhyddysg mewn trin oeddynt, – a beiau
   Ein bywyd oedd arnynt;
  A'r un hedd sy'n rhan iddynt
  Â'r 'gwŷr a aeth Gatraeth' gynt.

I'w helynt dros bell dalar – aeth y rhain,
   Fel y llathr wŷr cynnar
  A aeth gynt yn ebyrth gwâr
  I hen dduwiau y ddaear.

*Gwilym R. Jones*

## I Blant Tangnefedd
Ni all yr holl dywyllwch sydd yn y byd ddiffodd y
gannwyll leiaf. –Ar Bulpud Min-y-Ffordd.

Anniddig feibion heddwch! – Nid â'n gudd
   Dewyn gwan prydferthwch;
  Ar faner y sêr mae swch
  Yn adwyo y düwch.

*Gwilym R Jones*

## Cofeb Pedwar Milwr

Paid â rhoi i'r pedwar hyn – hir foliant,
　　Rhyfelwyr nid oeddyn'.
　Yn y llwch heddwch iddyn',
　A rho'r mawl i'r rhai a'i myn.

O. M. Lloyd

## Chwerthin y Meirw

Ni chlywyd heddiw nwydus ganu'r bandiau
　　A chrochwaedd pencapteiniaid yn y plwy',
Ac at y milwr maen ni ddaeth y dyrfa
　　I gofio'r Rhyfel mawr mewn Rhyfel mwy.

Ond canwyd biwglau wedi dyfod nosi
　　Ar ryw benrhynau pell, a chlybu'r meirw –
A chyrchu'r meini o'u beddrodau unig,
　　Yn nhywod anial, a chefnforoedd geirw.

Gwelent drwy lygaid mall eu henwau'n euraid,
　　A dedfryd daear ar eu hangau'n ddoeth;
Gwelent – a chofio siarad bras y gwlatgar
　　A'i hysiai gynt i'r lladdfa – a'r gwaed yn boeth.

A thorrodd ar eu clyw ddiatal droedio
　　Eu plant yn awr ar drafel – fel o'r blaen,
A rhywrai eto'n gweiddi'r hen addewid
　　A dorrodd twyllwyr o dan enwau'r maen.

Chwarddasant hwythau â chwerthin chwerw, chwithig
　　O weled eto wyrni'r un hen fyd,
A chilio eilwaith dros y ffin, a'u chwerthin
　　Yn oedi dro o gylch y meini mud.

T. Eirug Davies

# Cofeb Ryfel

(Bore Tachwedd 11 bob blwyddyn)

Naw enw sydd ar y gofeb,
   Naw enw o'r hen blwy',
A deil yr enwau hynny
   I roddi inni glwy.

Hogie diniwed oeddynt,
   Na fynnent beri loes,
Ond pell yw'r naw yr awron,
   Pob un dan dramor groes.

Naw enw annwyl inni
   Sy'n ein cyhuddo'n flin
O'u dwyn o'u hoff gynefin
   I uffern dost y drin.

Aeth deg a thrigain mlynedd
   I'w hateb yn rhy chwim;
Ni ddychwel 'run o'r nawgwr –
   'Dŷm ninnau'n dysgu dim!

'Rŷm yma'n llu banerog
   Yn lifrai estron deyrn,
Heb galon edifeiriol,
   Dim ond wynebau heyrn –

Yn diolch i Dduw'r heddwch
   Am 'nawdd trwy'r oesoedd maith'
Heb feddwl am 'rynfydrwydd
   Y sydd tu hwnt i iaith.

Breuddwydiwn am y bore
   Y troir pob cleddau'n swch,
Y bore digyflafan
   Pan â'n llumanau'n llwch.

*Gwilym R. Jones*

142

# XIV

# 'Dachau, Sobibor, Auschwitz'

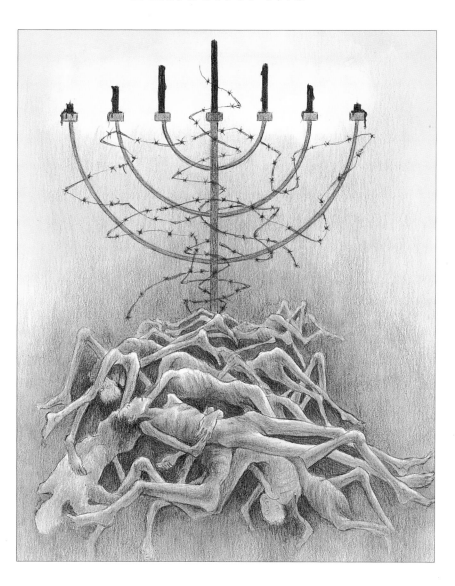

# Cain

Yn fy mhen y mae ubain fy mab,
fy mab, Abel;
mae gwaed Abel fel mwgwd, a'i ubain
yn gweiddi arnaf fi yn fud,
yn gweiddi arnaf fi o'i fedd.
Cenhedlwyd Cain, a'i udlef
fel udlef anghenfil ledled
daear wag, yn darogan
y blynyddoedd a oedd i ddod,
y canrifoedd o ryfeloedd i fod,
yr arteithiau a'r griddfannau i fod,
fy Nghain, fy anghenfil.
Yng nghroth fy ngwraig
yr oedd y miloedd mud
yn ubain cyn ei enwi'n Gain, cyn i'r dydd eu geni,
fy Nghain, fy anghenfil.
'Roedd ei enw'n condemnio'r myrddiynau,
a'r staen ar arswyd ei enw
yn llifo dros fy nwylo'n waed.
'Roedd ei enw du yn sillafu enw sawl lle,
y lleoedd a oedd i ddod,
y Somme a Hiroshima,
Dachau, Sobibor, Auschwitz;
yng nghroth fy ngwraig
'roedd ei enw du yn anadlu'n waedlyd,
ac yn creu delweddau dileu â'i anadl o waed:
y plethyn, y seren frethyn, y rhif ar fraich,
esgidiau'r plant bach disgysgodion,
ôl bwledi dirifedi ar fur,
ac yn fy mhen, fy ymennydd,
y mae ubain fy mab,
fy mab, Abel.

*Alan Llwyd*

144

# Hitleriaeth

Ar lawr y buarth nid yw'n hoff
Gan y dofednod ffowlyn cloff.
Am nad yw'r wedd sydd arno'n iawn,
Ei ymlid rhag ei siâr o'r grawn
Sy raid,
Medd adar llawn.
Wrth groesi'r twndra gyda'r haid
Gwae yr anffyddiog utgi os paid
Â llamu'r hafn, neu fethu'r naid.
Ond dwyfol Ddyn, a'r plant a fag.
Sy'n maddau diffyg a chaff gwag.

Beth ddwedai'r Addfwyn am rai'n ein mysg
Sy'n beiddio hitlereiddio dysg?

Beth ddwedai'r Athro am wŷr rôi hwrdd
O'u swyddi i rai na ddônt i'r cwrdd?

Beth ddwedai Iesu am beth a wneir
Gan etheg blaidd, estheteg ieir?

*R. Williams Parry*

145

## Die Bibelforscher

Pwy fedr ddarllen y ddaear? Ond cawsom neges
Gan Frenin i'w dwyn mewn dirfawr chwys,
Ni waeth ai ymhell ai'n agos
Y seinio'r utgorn rhag Ei lys.
Trwy falais a chlais a chlwy
Gwrit y Brenin a ddygasant hwy.

Er na chwblhaer y ddaear ail i ddameg
A fflach dehongliad yn ei hwyr
Trwm-lwythog, na dirhau'r dychymyg
Gwydr a thân is y ceyrydd cŵyr,
Pur trwy ffieidd-dra'r ffald
Oedd eu tystiolaeth hwy yn Büchenwald.

Heb hidio am y drws a agorid
Os rhoent eu llaw i'r geiriau llwfr,
Sefyll rhwng cieidd-dra a'r pared,
Marw lle rhedai eu budreddi i'w dwfr,
Cyrraedd porth y Nef
A'u dyrnau'n gaeëdig am Ei ysgrif Ef.

Pwy fedr ddarllen y ddaear? Hyn a wyddom,
Tarth yw'r llu lle geilw'r llais.
Mae wybren lle'r â'n ddiddym
Rym yr ymhonwyr, trwst eu trais.
Lle cyfyd cân yr Oen
A gogoniant yr apocalups o'r poen.

*Waldo Williams*


## Cri Meirwon Auschwitz

Sut, Dad, na wrandewaist Ti, yn fyddar
   I'n sgrechfeydd wrth drengi
Fesul mil, ein hymbil ni,
A'n gwaedd yn mygu'n gweddi?

*Alan Llwyd*

146

## Y Noson o Risial

Mynd,
nid yw'r clais yn mendio,
a dod at fin y dŵr
a'i haen o rew ym Mryn yr Ywen,
y gorlifiad ar gae gwair y lofa,
llain fel y dŵr llonydd.

Yn un o griw ar ddaear yn grimp,
plygu uwch y dŵr fel gwerinwr i'w rych
a ffilm o ddŵr du
yn lledu wrth i'r naill law
glampio
ac wrth i'r llall
suddo i'r llaid
i godi rhan o'i gaead, rhew
nad yw'n ddim o drwch;
a ias y dyrchafu
fel tywys drych o'i hofel:
y paenau heb hanes,
newydd eu bath heb ddoe i'w byd,
o linach rhyw hen blaned
goll nad ildiai i gwymp,
a graen eu lens
heb yr un gronyn o lwch
a fo'n hongian fel pryfyn angau
yn atgof o'r sberm gwaetgoch
a'i fryd ar glwyfo'r ŵy …

Mae'r winsgrin yn crino
fel wyneb y rhosyn pan yw'r pryfyn yn
peri hafoc …

Yn ein gorchwant am y purdeb diarhebol
unodd ein sodlau yn y ddawns waedlyd.

Aeth y fricsen drwy'r ffenest
liw nos y *Kristall Nacht.*

Tynged gŵr tynged gwerin –
y trais fel y'i gwelais yn narlun Chagall:

147

un dienw
   a'i glwyf
fel aden gloff –
erioed yr iau,
yn is na'r *Welsh Not*,
anhydrin y goler hon,
darn o glawr arch,
cais saer y bocs orens –
   *'Ich bin Jude'*
wrth oerni a brath haearnod –
y ffenest bren heb raen,
caead du y golau, bord
o'n cut glo baw.

Ofn
   a llaw fras
a fu'n lliwio ei frest.
Mae'r gôt aeaf drymaf ar ei draws
noson y seren felen o hen faw.

A geir
o fwa a haul ei grwth
sŵn gwag
   neu gri
fel o groth y synagogau?

Ac i'w hoed
fel y grug o'r mawn, glasgodant
o ludw yr amenau golosgedig

*Dewi Stephen Jones*


## Hier Ruhen 5000 Tote

(Arysgrifen ar fedd yn Auschwitz. Ystyr yr Almaeneg yw:
Yma y gorwedd 5000 o feirwon.)

Mewn hunllef o dangnefedd, yma mae
  Pum mil yn cydorwedd:
Pum mil o'r un hil yn hedd
Auschwitz yn llenwi basfedd.

*Alan Llwyd*

# Pa Fodd

Pa fodd, heb fwgwd dros deimladau –
Eironi neu gymryd arnom –
Y mae llefaru geiriau a dywedyd
Am y tywyllwch sydd ynom,
Am y nos sy'n crafangu o'n mewn,
Am y diffodd dreng sydd droeon
Yn gwaedu ei ffordd ohonom?

Ond y mae cofnodion,
Ac y mae olion
A osodwyd, fel haearn, yng nghof dynion
Yn dystiolaeth amdanom.

Megis y cofnodion hyn
O Birkenau a gwersyllau tueddau Lublin
Yn Un Naw Pedwar Tri. Casglwyd yno
Yr eitemau Iddewig a ganlyn:

Dwy ar Bymtheg a Phedwar Ugain o Filoedd
O hen siwtiau;
Un ar Bymtheg a Thrigain o Filoedd
O hen ffrogiau;
Cant a Deuddeg ar Hugain o Filoedd
O grysau;
Cant a Phymtheg a Deugain o Filoedd
O gotiau gwragedd;
Tair Mil o Gilogramau o wallt.

Eitemau plant:
Pymtheng Mil o gotiau mawr,
Un Fil ar Ddeg o siacedi,
Naw Mil o ffrogiau,
A Dwy Fil ar Hugain o barau o esgidiau.

Ffigurau, pethau.

Y mae eneidiau'r colledig
Yn yngan yn eglur wrthym trwy rifau,

Y maent yn llefaru'n groyw wrthym
Trwy grysau, trwy ffrogiau,
Ac y mae cof annileadwy ein methiant
Yn sgrechian arnom o esgidiau plant.

*Gwyn Thomas*

*Dillad carcharorion marw yn hongian y tu allan i'r amlosgfa yn Dachau.*

# Schutzstaffeln – 45326

Today, in the language of figures, the number 45326 must from now on be accepted as the ultimate in the definition of cold horror and evil. For that was the SS number bestowed upon Adolf Eichmann.

… the smaller children usually cried, but when their mothers comforted them, they become calm and entered the gas chambers carrying their toys …

Comer Clark – *The Savage Truth*

Dysger y rhif fel adnod;
    nid er mwyn y magu dial
    a'r dicter sy'n codi o'r cyfog
    yn y cof;
dysger ffigurau y rhif oer,
    er mwyn gweld yn Büchenwald
    yr ysgerbydau byw
    a luniwyd yn ymennydd dyn.

Dysger y rhif i'r hafau dymunol
    lle mae'r plant yn casglu'r haul
    ar gnawd braf yr heli;
dysger y rhif,
    er mwyn gweld yn Auschwitz
    ddifa'r teganau yn y siambrau nwy.

Dysger y rhif i'r hydrefau
    pan fydd sawr y pydru dail
    yn atgof am rodfeydd yng ngwyll y coed;
dysger y rhif,
    er mwyn gweld yn Belsen
    haenau'r cyrff yn bydredd yn y baw.

Dysger y rhif i'r gaeafau gwyn
    yn chwerthin glân yr eira
    rhwng y brigau noeth;
dysger y rhif,
    er mwyn gweld yr esgyrn bach yn Dachau
    yn foel i dafod yr awelon.

Dysger y rhif i lawenydd y gwanwyn
   pan fydd neidio di-nam yr ŵyn
   yn gyffro yng nglas y meysydd;
dysger y rhif,
   er mwyn gweld ôl bysedd
   y bwystfil sydd ynom.

Dysger y rhif fel adnod:
   pedwar, pump, tri, dau, chwech;
   ac yn edifeirwch hallt y dweud hyll
   gweld
   difa'r teganau yn y siambrau nwy.

*Dafydd Rowlands*

*Tomen pum troedfedd o uchder o esgyrn llosgedig dynion, gwragedd a phlant –*
*gweddillion un diwrnod o losgi cyrff yn ffwrneisi Büchenwald.*

## Anne Frank

Bu gennyt tithau freuddwyd.

Wedi colli rhamant cynnar y sêr,
A'u lluniau'n pylu eu lliw
Ar dy barwydydd,
Hiraethaist am ddawn lenydda.

Dawnsio'n groten greadigol
Ar lwybrau'r Tylwyth Teg,
Arogli blodau'r dychymyg
A rhyfeddu at lendid angylion.
Ond drylliwyd dy wynfyd
Gan y chwain a bigai yn dy fforchog.

'Roedd y Führer ar daith.

Yn ei ymdrech i buro'i bobl
Rhoes lygad milwrol i wylio rhes Prinsengracht,
Tra oedd Amsterdam
Yn gamlesi o gasineb
A'r pontydd rhwng Almaenwr ac Iddew
Yn gandryll i gyd.

Tithau, â'th goesau bach
Yn dringo grisiau'r gyfrinach
Gan gredu y byddai ysgol dy ymroddiad
Yn cyrraedd nef;
Yng nghefn y llyfrau
'Roedd y drws i'r *llyfr*,
Ac am ddwy flynedd ddyfal
Cripiodd dy sgrifen ifanc
Dros dudalennau'r Dyddiadur.
Mor dawel â llygoden fach
Croniclaist wae y cyfnod ciaidd.

Yna'r anghenfil olwynog
Yn dadlwytho milwyr wrth y tŷ.
Sgidiau hoelion yn ysglodi'r grisiau
A'r bidogwyr yn digyfroli'r silff-dwyll hyd at ei
cholfachau.

Gwelaist dan draed
Ymroddiad y misoedd
Yn sarn munud,
A chlywaist y dramp ryfelgar
A'th lusgodd ar daith Auschwitz a Belsen
Yn waedd ddiateb
"Pam, pam, pam?"

Nid â fflam
Ac nid â nwy
Y mynnwyd dy ladd.
I ddiffodd y gannwyll oedd yn olau,
I chwalu'r freuddwyd
Daeth y dwymyn fel chwain i'th ymysgaroedd;
A'r Angau,
O agor ei lygaid i athroniaeth y rhoi a'r caru,
Yn tosturio wrthyt,
A'th adael i farw'n lled-naturiol
Fel pe na bai rhyfel yn bod.

Heddiw
Deil drws rhif 263 ar agor o hyd,
Ac i fyny fry uwchlaw'r grisiau serth
Saif y silff-lyfrau, yn ôl yn ei lle.

Mae'r llyfr ymhobman.

Gall yr ymwelydd ddarllen
Mewn cofnod rhyddieithol
Fod Dyddiadur Anne Frank bellach wedi gwerthu
dros dair miliwn ar ddeg o gopïau a'i fod wedi
ei gyfieithu i fwy na hanner cant o wahanol
ieithoedd.

Plygais fy mhen mewn hiraeth
Wrth feddwl yno amdanat, ferch y freuddwyd,
A llawenychais yn dy le gan weiddi yn fy nghalon
"Anne, daeth y freuddwyd yn wir!"
A chlywais wich dawel llygoden fach
Yn adleisio fel rhuad llew
Trwy gynteddoedd Hanes.

*J. Eirian Davies*

# Gertrud Kolmar: Yr Almaen

## (1894–1943)

Iddewes oedd yn nydd y sarff a'r llewes:
yn Almaen Gertrud Kolmar nid oedd lle
i awen ddiwerth erthyl o Iddewes,
ac ni wrandawai'r fflangell ar ei phle.

Pan oedd crwsâd y sodlau yn diddymu
a chynaeafu'i hil yn Büchenwald,
gwrthododd adael dagrau'i thad, gan grymu
i'r ffawd a'u gyrrai megis ŵyn i'r ffald.

Hwyrach mai gwersyll Dachau'r dychrynfeydd
oedd man diddymu'i heinioes. Nid oes cofnod.
Hwyrach mai'n Büchenwald, lle bu'i chnofeydd
o newyn y bu'r llafn yn torri'r llofnod

ar ddogfen ei marwolaeth. Nid oedd eisiau
harddwch ei cherdd. Ei Pharnasws oedd y ffwrneisiau.

*Alan Llwyd*

# Ffoadur

Yr Athro Bruno Heidegger, ffoadur,
Â'i draed fel chwarter i dri,
Yn gweithio yn awr ar eiriadur
Ac yn brysur gyda'r A. U. T.
Ond weithiau bydd gwifrau'n tynnu'n ei ben
Ac emblem yr eryr yn crynhoi trwy ei hun,
Bydd sŵn traed yn troi'r byd yn dridegau,
A daw ofn yn dynn am y dyn.

Mae Herr Heidegger, doethur,
Yn awdurdod ar y dylanwadau ar Proust,
mae'n sugno pibell, gyrru modur,
Caniatáu hoe iddo'i hun ddiwedd Awst.
Ond o'r nos i isel ysgythru bôn ei ymennydd
Daw arswydau llygadwyllt, du;
Bydd sgrechiadau'n clecian trwy'i benglog,
Bydd yn Iddew ar ffo, fel y bu.

Bydd Yr Athro'n codi i lefaru
Yn Senedd y coleg ar dro
I wfftio at y Gymraeg ac awgrymu
Bod cenedlaetholwyr o'u co'.
Ymafla â'i hunllefau ac â'i ofnau
A dwedyd ynddo'i hun, "Ynof y lladdaf y llid,
Y tro hwn mi fydda' i'n un o'r mwyafrif mawr,
Yn saff pan ddaw awr yr erlid."

Yr Athro Bruno Heidegger,
Ffoadur.

*Gwyn Thomas*

## Cerddorion Auschwitz

Uwchlaw Tirdeunaw trydanwyd
gwylan esgeulus:
hyrddiwyd ei hofran gosgeiddig yn erbyn y gwifrau,
ei bwrw blith-draphlith, nes bod ei phlu wedi eu rwfflo
i gyd gan y gwynt.

Gwylan yn hongian yn hurt
wedi'r anap, a'i chnawd wedi'i lapio
yn dynn am y gwifrau a'i trydanodd,
a'r gwynt oerllyd yn chwythu drwy'i chorff
gan ubain yn fain gwynfannus.

Yn Auschwitz 'roedd yr awyr dreisiol
yn atsain i gerddoriaeth Mozart,
cerddoriaeth Mozart yn lliniaru artaith
y genedl a feginai fflamau'r ffwrneisi
â gwêr eu cnawd, a phedwarawd o blith ffoaduriaid
Iddewig yn lleddfu dioddefaint
y rhai hynny a'u bwriai eu hunain
yn erbyn y gwifrau'n garbwl,
a Bach yn boddi pob gweddi a gwaedd.

Dirdynnol dros Dirdeunaw
drwy gorff yr wylan oedd galargan y gwynt,
a'r awyr ddur yn llawn o'r gerddoriaeth
a'i harswyd persain.

*Alan Llwyd*

## Dyddiau Gofid

A mi a welais ddynion yn rhodio
Yng ngharthffosydd dinasoedd yn ddall
Yn yr awyr dynn, a budreddi geudái'r byd
Yn tywallt yn dalpiau hyd eu cyrff.
"A oes gelyn yn sefyll yn y strydoedd
Gydag arfau rhyfel ac angau amryfal?"

Ing ogofâu drewdod y ddynoliaeth yn cau
Am y meddyliau byw, a'u lladd yn araf.
Mae teimladau duon a choch, teimladau marwolaeth
Sy'n llidio fel briwiau, yn furiau sy'n caethiwo.
Mae cri hen oesau, yn felyn o'u doethineb,
Yn crwydro'r dyfnderoedd o agor i agor
Trwy dwnelau sy'n troi'r llef yn grawc gandryll.
Mae'r tarth yn codi o'r dyfroedd,
Mae mwg aflendid yn llenwi ffroenau'r bobloedd
Ac mae byw yn prinhau.

Wrth lempian drwy'r dyfroedd o fraich i fraich,
O'r tyllau tanddaearol fe glywir ubain y bobl,
"A yw'r gelyn yn y ddinas yn cerdded ein strydoedd,
A yw angau yno?"

*(Yn ystod yr Ail Ryfel Byd bu'n rhaid i Bwyliaid oedd yn gwrth-
sefyll byddin Hitler fynd i garthffosydd Warsaw).*

                                                    *Gwyn Thomas*

## Primo Levi: Yr Eidal

(1919-1987)

O'r gorau, goroesodd. Dychwelodd, yn ddim ond drychiolaeth:
goroesodd y gweithredoedd erchyll yn y gwersyll ar gwr
Auschwitz, ond i beth y goroesodd? Nid oedd ei dystiolaeth
ond tystiolaeth arall am y cyrff a deflid yn dwr

i'r poptai trachwantus. Cofnodwyd y tranc ofnadwy,
casglwyd tystiolaethau am Auschwitz y dileu,
a dilys oedd pob tystiolaeth, er yn anghredadwy.
Pa angen gwrthdystiad ei gerdd? Nid oedd modd cyfleu

Erchyllter Dachau o fewn gefynnau'r awen,
na gweithredoedd y gwersylloedd mewn sillaf. Sut y gallai iaith
fydryddu diraddiad ei dras, sut y rhewai cystrawen
ddryswch y bardd a oroesodd, a'i feddwl yn graith?

Wylodd ei eiriau, ond nid wylo i ddwyn tystiolaeth
ond i garthu'r drychiolaethau o'i gof, a phob gair yn ddrychiolaeth.

*Alan Llwyd*

# Noson Tân Gwyllt

Chwiliais yn hir am dangnefedd meddwl,
chwilio am ddelwedd o hedd i'm hoes:
ymorol am ymwared
rhag delwedd y gwaed ar bared a chyrff y siamberi:
chwilio am bellen llawenydd,
chwilio am fymryn llinyn llawenydd
i'm tywys o ogof wallgof y ganrif waed:
chwilio, enaid a chalon,
am orfoledd mewn canrif mor fawlyd
i garthu ohonof y cof am y cyrff.

Ac fe'i cefais y noson honno,
pan ddaeth plant Felindre, pob un â'i flwch
o'i dân gwyllt ei hunan, ynghyd
i'r cae rhwng yr afon a'r coed,
yn sŵn clindarddach y pumed o Dachwedd –
pob un â'i Guto ei hunan,
ugeiniau ohonynt mewn hen gynhinion
yn un twr ar fin y tân.

Yr oedd sêr yn yr awyr a sêr ar y ddaear,
sêr lond ein siarad a sêr dan ein sang,
a sêr yn clindarddach lond hwyrddydd,
rocedi ar dân yn hisian enfysau
a'r goelcerth yn glecian glas,
olwyn Gatrin gron, wrth chwyrlïo'n loyw,
yn bellen o drobyllau,
yn agor tân yn gortynnau,
a'r coed oddeutu'r cae
fel cymylau ar nosweithiau llawn sêr.

Yno yr oedd llawenydd
wynebau'n olau'n y nos,
a'r ymhyfrydu yn pelydru yn llygaid y plant:
wynebau amryliw, diniwed
yn sgleinio'n y nos a'i goleuni,
ac yno 'roedd pob wyneb yn gannaid
ariannaid gan serennedd.

Ond yn ddelwedd i'm meddwl
dychwelodd Dachau eilwaith.

Yn bentwr yn ymyl y goelcerth
anferth yr oedd cyrff newynfain,
cyrff fel cyrff cam
y rhai newynfain a grafangai'r nenfwd
yng nghell eu hangau hir;
cyrff llipa cyn eu difa gan dân,
cyrff llipa fel y cyrff yn Treblinka yn bentwr blêr,
tameidiau ystumiedig
o gyrff gwyrdröedig ar draws
ei gilydd yn gwlwm
cyn i'r gwŷr yn eu du eu taflu i'r tân.

Fin hwyr yn ein pentref fan hyn,
fan hyn yn ein canrif annynol,
dychwelodd Dachau eilwaith
yn ddelwedd i'r meddwl.

*Alan Llwyd*

161

# Belsen

Mae'n planed yn blaned fioled, fyw;
yn las a gwyn yn erbyn nos
y cread, fel llun o baradwys;
gardd asur yn ôl y gofodwyr i gyd,
ac eto bu Belsen dan heulwen hon.

Ond mor bell yw ingoedd Belsen heno,
yn enwedig o Geredigion;
ymhell oll, ond mae ei ellyllon
yn rhan o'n canrif, canrif ein co'.
A hawdd, efallai, yw meddwl
am gnawd dirifedi mewn ffwrneisi nwy
ddeugain mlynedd o'r celaneddau
fan hyn yn awelon haul.

Ond nid syniad, nid dirnadaeth
ydyw'r annwn hwn heno.
Mae ei enw yn fferru'r ymennydd
o hyd, yn saethu cryndodau,
o hyd, o'r co' i lawr drwy'r cefn;
synwyriadau disynnwyr ydyw
sy'n carlamu iasau duon,
hir o oerfel ar hyd y nerfau.
Bu'r erchyllter yn ein hamser ni,
fan hyn yn ein canrif ni.
Fe wnaed y cyfan yma, ar blaned
lle mae ŵyn yn llamu ym Mai
a miri'n oleuni yn llygaid plant.

*Donald Evans*

162

## Cynnau Canhwyllau
(Auschwitz: Ionawr 27, 1995)

Heno, y mae'r rhai ohonoch
a oroesodd siamberi Auschwitz
yn ymgynnull yn y gwersyll gwaed
i gynnau canhwyllau'n y nos;
ymgynnull yn y man lle'r oedd y ffatrïoedd tranc,
a mynwent yn bod o fewn maint un bedd.

Heno, ar ôl hanner can mlynedd,
y mae gweddillion ohonoch
yn ymgynnull yng ngwersyll yr angau ynghyd,
yn y man lle bu fflangellu mamau a phlant
i'w gyrru ymlaen i gwr y melinau
a falai blant a mamau fel blawd.

Heno, y mae eich canhwyllau yn cynnau er cof
am y meirwon byw a gladdwyd mewn mymryn bedd,
y meirwon a fu'n ymyrryd
â'ch bywydau, y 'sgerbydau byw
a fu'n llusgo'u hesgyrn drwy eich cwsg di-hedd,
ac yn agor eu breichiau yn annwfn siamberi'ch anhunedd.

Heno, yng ngŵydd angau heno, mae'r canhwyllau ynghŷn
yn rhes ar ôl rhes ar hyd
y cledrau hyn a fu'n cludo rhai annwyl
gennych i'w llosgi'n gynnud,
rhes ar ôl rhes o ganhwyllau ar hyd traciau'r trên
lle bu'r cerbydau â'u llond o angau ar daith.

Mae llun ar lun yn dychwelyd wedi'r hanner can mlynedd,
y lluniau o arswyd y ceisiwyd eu gwasgu o'r cof:
y saim, y nwy, y mwg o'r simneiau,
y dillad, y gwallt wedi'i eillio,
ac fe welwch drachefn y gefeiliau
yn llusgo'r 'sgerbydau gerfydd eu pennau tua'r pwll.

Heno, y mae wylo ynoch, ynoch y mae hanner can mlynedd
o wylo am eich gwehelyth:
wylo wrth gofio am famau'n y fflamau, a phlant,

163

wylo wrth gofio am frodyr a chwiorydd drachefn,
ac wrth glywed sgrechfeydd eich tadau a'ch mamau o hyd
yn atseinio yn yr Auschwitz sy ynoch.

Heno, y mae'r glaw uwchlaw Auschwitz
yn diffodd, fesul un, y miliynau o ganhwyllau o gnawd,
a rhes ar ôl rhes o'r rhai a oroesodd
yr uffern ddychrynllyd, yr Isfyd a elwir Auschwitz,
fin hwyr yn ymgynnull fan hyn,
fan hyn ar erchwyn yr archoll, lle mae'r holl ganhwyllau
yn wylo chwe miliwn o ddagrau wrth gynnau'n eu gwêr.

*Alan Llwyd*

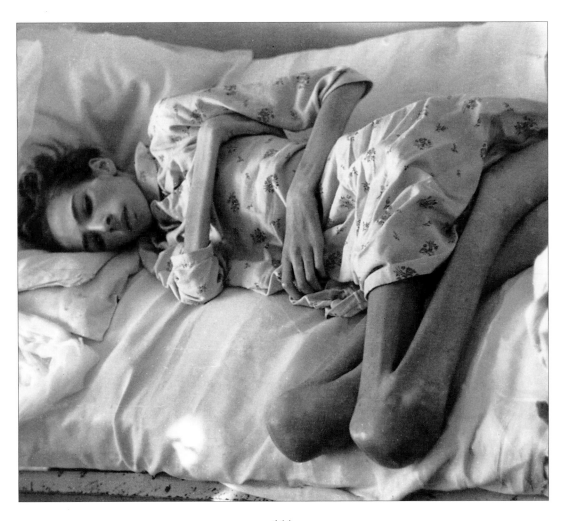

# Dachau

(Yn dilyn ymweliad yn Hydref 1994)

*Y cyntaf o 50 o wersylloedd crynhoi a sefydlwyd wedi i
Hitler ennill grym ym 1933. Yma crynhowyd arweinwyr
mudiadau gwrth-Natsïaidd. Rhoddwyd yma erbyn diwedd
y rhyfel siamberi nwy, ond ni chawsant eu defnyddio.*

'Bydd hi'n dri o'r gloch
arnom ni'n cyrraedd
Dachau,'
gwaeddodd y gyrrwr bws
yn agored,
wedi hen arfer.

Tri.
Croeshoelio.
Angau'r Groglith.
Mae hi'n anodd hel *souvenirs*
yn Dachau.

Cutiau poblog, afiach
dan chwip destlusrwydd.
ystafelloedd yng nghefn cydwybodau
rhai a fu yma'n gweinyddu'r Drefn.
Ystafelloedd nad ydynt
yn diflannu
fel hisian nwy.

Cerddaf yn gyflym
drwy amgueddfeydd o ddelweddau,
ac er mor anodd ei wneud,
arwyddo enw
ar lyfr ymweld
Dachau,
fel ymgais hardd
i ddymuno
na welir pentyrrau
o esgidiau fyth eto;
fel nad oes raid
i gerddorfa Auschwitz
fyth chwarae'r fath

*Erchyllterau Dachau: milwyr Americanaidd yn darganfod llond wagen nwyddau o
gyrff newynllyd ar ôl meddiannu'r gwersyll-garchar.*

    gelwydd
    gwag o gytgord
    eto.

    Braenarodd ein grŵp yn unigolion
    fel hen gydwybod
    i gael crwydro'n dawel.
    Ceir y Dachaustrasse
    yn prysuro adre
    o'u gwaith gerllaw.
    Braf fydd boddi
    ym mhrysurdeb y presennol
    cyn hir.

Dachau –
wedi cau ar ddydd Llun,
ond byth ar gau
i'r bobl a'r 'stafelloedd ynghlo yn eu co',
sy'n gorfod tramwyo
coridor cyndyn cydwybod
a gweld yr enw
ar y drws.
Dachau.

Croeshoelio.
Darfod
am dri o'r gloch y prynhawn.

'Welsoch chi mo'r cawodydd
a'r siamberi nwy 'ta?'

Mae'n well cadw rhai 'stafelloedd
i'r dychymyg.

*Aled Lewis Evans*

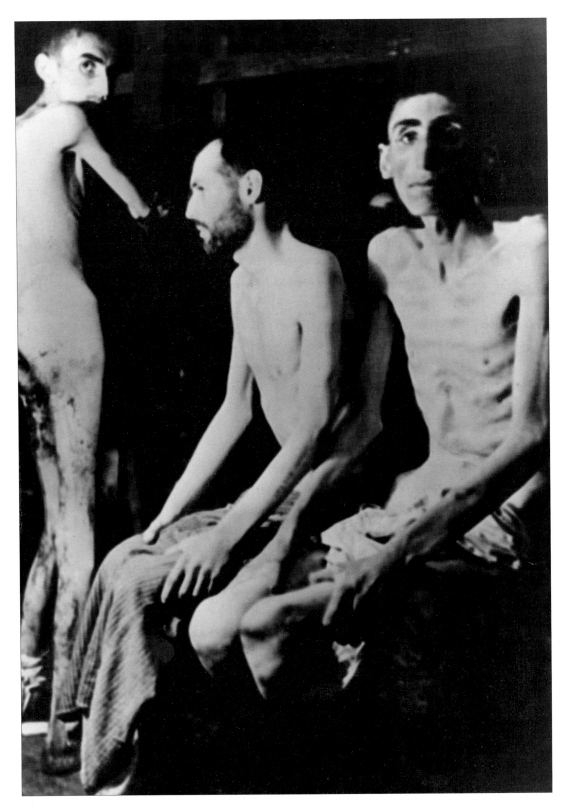

XV

# 'Ar Ôl yr Ail Ryfel Byd'

## Ar ôl yr Ail Ryfel Byd

Wrth roi cyfnod yn y pridd mewn arch
Fe dybiem ein bod yn hau gobeithion,
Wrth roddi clwyfau yn y ddaear meddyliem
Fod rhaid anesmwyth wedi'i dorri yn y gwraidd
A bod hen fyd yn farw.

Nes dod o'r gwanwyn
Pryd y blodeuodd yr haearn a'r tân
Ac y deiliodd marwolaeth,
Ac y daeth ofn i glwydo i'r canghennau fel y gog.

Ar ôl i ni fethu credu yn Atgyfodiad y Crist
Gan adael y cariad dwyfol mewn ogof yn y graig
Rhaid, wedi tridiau, oedd arnom edrych ar y garddwr du
Yn gwarchod llysiau'r pla a ffrwyth anghariad.
Pan alwodd arnom un ac un erbyn ein henwau
Gan ddeffro adfyd ein hen nwydau,
Nid anodd oedd i ni adnabod
Wyneb llwyd ein hen feistr, Pechod.

*Gwyn Thomas*

## Fflandrys: Gwlad Belg 1945

Yr un yw'r croesau unffurf, reng ar reng,
   Yn naear Fflandrys, ar y gwych a'r gwael;
Yr un oedd brwydrau'r hogiau, leng ar leng,
   A'u rhoes eu hun i'w gwlad yn offrwm hael:
A phan ddaw'r haf porthiannus drwy y fro,
   Sigla'r pabïau'n ffyddlon uwch pob bedd,
I gadw'r oed â'r dewrion sy'n y gro,
   Na thyr na bloedd nac utgorn eu hir hedd.

Wrth gyrchu'n unig drwy Borth Menin ddoe
   Trois tua'r beddau. Yno, mewn tristâd,
'Roedd llanc o Gymro'n cipio awr o hoe
   Yn y distawrwydd hen wrth fedd ei dad;
A chlywai'r gynnau'n tanio dan ei sang
Dros ffosydd Ypres, Pilkem a Poperinghe.

*J. Arnold Jones*

# Berlin 1945

Distryw o fyd,
Yn adfeilion i gyd,
A phobol, fel llygod,
Yn dod allan o'r llwch ac o'r baw.

Twr bach o enethod dengmlwydd
Ar y ffordd gyda'i gilydd,
Rywsut fel drychiolaethau,
Ysbrydion elfennig y cyfanfyd.

Dau filwr yn dod heibio
A hwythau'n dechrau heidio o'u cwmpas.
Er dieithrwch yr iaith
Doedd yna ddim gwaith i'r dychymyg
Weld yn eglur beth oedd y cynnig:
Deng munud o'u cyrff yn yr adfeilion
Yn gyfnewid am sigaréts.

Ar yr un pryd â hyn yr oedd
Un dengmlwydd arall, carpiog, bach
Yn ei anobaith yn ei osod ei hun ar sach
Ar lawr y gyflafan i farw.

Dyna ichi fyd oedd hwnnw,
Berlin, Un Naw Pedwar Pump.

*Gwyn Thomas*

171

## Y Blodyn Olaf

Daeth rhyfel byd arall,
diflannodd gwareiddiad.
Nid oedd na thŷ na thref
ar wyneb y ddaear ddiffrwyth.

Gwywodd y coed, llosgodd y glaswellt
a galarodd y gerddi.
Ceinder celfyddyd nid oedd
a'r byd yn anwaraidd, wyllt.

Diflannodd y blynyddoedd o un i un
a'r oesoedd a ddiflanasant.
Gwag oedd llygaid pob bachgen a merch
canys nid oedd gariad mwyach.

Ond un dydd anhyfryd o haf
gwelwyd y blodyn olaf
yn unig bersawryn bach.
A'r ferch a'i gwelodd
a hysbysodd ei chyd-fodau
am ei enbydrwydd.

Gwrandawodd llanc a grwydrai'r bencydd;
aethant ati i'w drwytho a'i ddyfrhau
a'r blodyn a ymloywodd yn ei sawr a'i liwiau.
Disgynnodd gwenynen arno ryw undydd
ac fe ganodd aderyn ei gân iddo.
Cyd-ganodd y sêr i ddeffro
darn o wanwyn yn rhuddin ei wreiddiau,
bywyn na pheidiodd â bod.
Daeth hedyn i ddisgyn a'i ddal
yn yr hen ddwylo,
ac wele gynnydd ar ei ganfed
i'r glas byw yn ei glais bach.

A chyn hir gwelwyd dau flodyn
a phedwar a llawer
yn ymuno'n llennyrch;
aeth y brigyn gwyw yn llwyn
a than y llwyn rhoes y llanc

ei law fwyn ar eurwallt y ferch,
a bu cariad.
Trwy wyrth ailddeffrowyd eu chwerthin
a daeth y plant i chware.
Codwyd tŷ a chynheuwyd tân
a bu diddanwch a heddwch hir.

Adeiladwyd aelwydydd
a daeth galw am deilwriaid
a chobleriaid,
crefftwyr, arlunwyr,
beirdd a thelynorion,
seiri a chyfansoddwyr.
Ond i'r ymylon
cripiodd y milwyr;
yn rhingylliaid
a chapteiniaid,
yn gadfridogion
a dewr amddiffynwyr y da.

A bu rhyfel arall.
Diwastraff, ond llwyr ei ddistryw,
ac ni adawyd odid ddim ar ôl
ond
un dyn,
un wraig
ac un blodyn.

*D. Jacob Davies*

## Llais o Hiroshima

'Roedd y nos yn dal i oedi,
    Fel pe'n ofni gweld y wawr
Wrthi'n gwrido yn y dwyrain
    Uwch y difrod mawr.

'Hedodd criw o Gristionogion
    Gwynion dros y glaslwyd li,
Â phwerau cryfaf natur
    Ganddynt er ein hachub ni.

Lle y bu awelon ffwndrus
    Wrthi'n tonni brig y cnwd,
'Nawr cymylau nwy sy'n hofran
    Uwch tomennydd unlliw rhwd.

Dim ond carnedd lwyd a erys
    Lle bu bywyd ym mhob stryd,
Heddiw dinas Hiroshima
    Ydyw mynwent fwya'r byd.

*William Jones*

*Hiroshima, ychydig ddyddiau ar ôl y ffrwydrad.*

# Yoshiko

## (Hen wraig yn Hiroshima)

Dwfn ar dalcen yr hen wraig
yw'r rhychau o chwys,
ac er nas lladdwyd hithau chwaith,
realaeth oer yw marwolaeth araf
yn Ysbyty y Bom Atomig.

Mae ôl y llosgfa ym mêr
hon o wely unig a syll ar oleuni
draw trwy ffenestr y ward, –
gorymdaith hir lanterni'r hwyrnos.

Rhesi y cannoedd ar frys â'u cannwyll,
yn ferw heb ŵr a'u hetyl,
i oedfa'r brotest.
A chyrraedd â chri heddychwyr ieuainc,
a sypyn o flodau'n eu hafflau,
y dre'n Siapan a falwyd yn yfflon, –
i'r union fan lle gwaedodd yr afon fawr.

Mae'n nos o ymbil heno;
pob fflam yn sumbol o enaid
un annwyl.

A hen fenyw'n marw
a glustfeinia am eiriau'r
weddi,
a grym eiddgar eu hemyn, –
cri côr ifanc rhag rhyfel.

Nes daw'r wawr,
pan wyrant
i ollwng y miloedd canhwyllau
i ofal y don a hwylia i'w hynt;
gadael i flodyn a lantern
nofio'n yr afon yng nghwrdd y cofio.

Tawel daith petalau y dŵr, –
llathr eu gwib
fel hen wreigan yn llithro i gwsg
wedi'r nodwydd.

A lliw y rhain o bellhau
ar wyneb y lli
dwfn a welir fel dafnau o olew ...

*Emrys Roberts*

## Hiroshima

Bu'r bys ar y botwm,
ffrwydrodd yr wybren yn fflam.
Egr yr ysgwyd
dan gyfarth y purdan poeth.

Rhuthrodd corwynt cam
a daeth sgrech o'r sach gregin
o dan adain dindro'r awyren.

Clochdar y dodwy isod oedd
a chwyrl y chwalu
yn esgyn a disgyn draw.
Croen crin, cras yn tisian ei brotest
a manwellt gwallt yn ffagl i'r ffwrn.

O gropyn eithin ei dŷ
daeth dyn yn gricsyn crwca
i chwilio blawd-lludw ei blant.

Wedi ysbaid,
tawodd pob diasbedain
ac ar daen megis cwmwl du,
a difrod o dan ei hofran,
cododd carreg fedd o fwg.

*D. Jacob Davies*

# Hiroshima

Dyma'r amser y mae dyn yn rhannu ymwybod
Y byd sydd y tu allan i'w deimladau ei hun.
Torrwyd yr awyr gan angau, holltwyd y ffurfafen,
Fe ffrwydrodd casineb trwy adeiladwaith y teimladau
Ac ymddangosodd agen yn yr hen fyd.
Mae'n rhy hwyr o ddydd i fwynhau aelwyd gysurus yr hunan,
Mae wynebau eraill, bodolaeth arall
Y tu hwnt i'r ffenestri.
Mae bywydau estron wedi suddo i'r gwaed,
Yn araf i'r gwaed o'r awyr;
Maent yno yn radio egni, yn llwch syrthiedig.
Mae'r awyr yn llawn o lwch.
Maent wedi treiddio i'n cyrff fel cariadon,
Wedi mynd yn rhan ohonom heb i ni wybod.

Yn y golofn fwg a grynhôdd wedi rhwygo'r ddaear
Yr oedd cariad yn codi i'r awyr.
Yn ysgerbwd yr hen lew, yr hen ryfel,
Yr oedd cariad yn suo fel gwenyn.
Allan o'r bwytawr y daeth bwyd
Ac o'r cryf y daeth allan felystra.
Y mae'r awyr yn llawn o gariad.

*Gwyn Thomas*

177

# Yoko Ohta
## (Bardd o Hiroshima)

Arbedwyd y bardd pan ollyngwyd y Bom,
ond ing
fu dychwelyd i chwilio'n y llwch,
a chael ond tawelwch lle bu teulu
brwd yn Hiroshima'r ysbrydion.

Darfu'r chwydu a'r sgrechiadau
pan oedd y ddaear fel pe'n darfod
yn fflach y ffrwydrad,
a chiliodd y madarch.

'Doedd dim ar ôl
namyn ôl fflam un eiliad
o'r bêl a droes yn rwbel y dref;
a bardd
uwch archollion un o'i chyfoedion
yn fud.

Ceulodd y gwaed lle chwaraeodd gynt;
crawn angau,
croen yn hongian ar wyneb hagr,
a chyfaill di–ddagrau
fel un na lwyddodd
i gyflawni hunanladdiad.

Aroglai'r pydredd,
a thros y gwastadedd du
cariwyd cawod fel inc o radioactif ludw
hyd ffwrn o fyd, –
uffern fodern.

A lle nofiai'n eneth,
lli hen afon annwyl
yn gelanedd chwyddedig i'w glannau, –
cario rhai hoff a diniwed
fel cyrff dyniewaid.

Eu diwedd oedd y grym
a doddodd graig.

*Emrys Roberts*

178

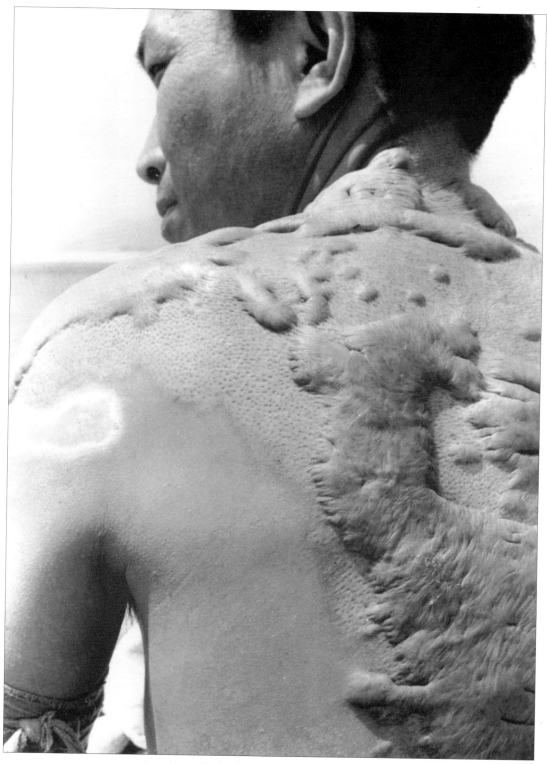

*Hiroshima: effaith y ffrwydrad ar gorff un o drigolion y dref.*

# Cwm Tawelwch

(Detholiad o'r gerdd radio: 'Y Ffatri Atomig')

*I ble yr ei di, fab y ffoedigaeth,*
*A'th gar salŵn yn hymian ar y rhiw*
*A lludded yn dy lygaid?*

'Rwy'n chwilio am y Cwm
Tu draw i'r cymoedd,
Am Gwm Tawelwch:
Rhyw bowlen fach o ddyffryn
Rhwng ymylon du y pîn,
Lle nad oes leisiau
Ond y lleisiau sy'n diddanu,
Na dim nad yw yn gweddu i'r lle.
Cawn yno sgwrs â'm henaid
A hoe i drefnu 'mhecyn at y dywyll daith,
A meddu'r pethau
A wnaed â dyfal bwyll
A'u graen yn para.
Mae yno osteg ar lan llyn
A gwrych i dorri croen y gwynt;
Mae yno aerwy ffeind
I'm dal yn rhwym wrth byst hen byrth.

'Rwy'n ceisio'r chwerthin
A wybu 'nghalon unwaith
A'r tosturiaethau
Oedd dan ddistiau tŷ fy nhad.

'Does dim parhad i ddynion:
Fe bery'r dail i ddawnsio
Wedi'r elom ni.
Mi welais wŷr
A'r golau'n pylu yn eu llygaid
Cyn dyfod nos;
A llawer tranc a wybuasant hwy.
Aeth rhai i Fflandrys y tadau,
Ac ni ddaeth dim ond rhith y popi'n ôl.
Aeth eraill i Alamein eu dydd,
Ac yno pliciwyd eu cnawd oddi ar eu hesgyrn
Gan y gwifrau drain;

180

A heddiw tyf dail tafol
Lle y rhoed eu llwch.

Ninnau sy'n ofni marw ac yn ofni byw;
Buom yn ofni ffon y sgwlyn,
Gwep y plismon plant,
Cnoc y beili ar y ddôr
A gwg y giaffer.
Arswydem unwaith rhag y sawdl ddur,
Rhag Munich a Belsen bell,
Rhag annwfn y siamberi nwy
A'r beddau mawr i'r pentwr cyrff:
Gwelsom mewn breuddwydion nos
Y cysgod lamp a wnaed o groen
A'r sebon a wnaed o floneg dynion …
Mae pobun wedi colli'r traw;
Nid oes gynghanedd ynom.
Pryder, megis cysgod o lech i lwyn,
Yw ein cydymaith.

Ni allwn ddal newyddion drwg
A gwg y dydd sy'n dyfod;
Ofnwn y pennawd yn y papur newydd,
Y sibrwd yn y gegin botio,
Ysgrech y bracio sydyn,
A'r nawnddydd Gwener pan fo nodyn gyda'r
pae…
'Rŷm ninnau'n prepian, prepian
I guddio'n braw.
Y Dawnsiwr Du sy'n llusgo'i draed
Hyd loriau ein llawenydd.
Meirwon ŷm oll yn eirch ein tai,
Wedi'n mymeiddio
Yn amdo ein crwyn …

'Roedd mwy o flas ar fyw,
A deufwy gwyrddach oedd y dail
Pan oedd y ddaear yn ieuengach.

Cyn gado'r sioe fyrhoedlog hen,
Sy'n troi a throi
Fel trên y crwt ar siwrnai gron,

Cyn mynd i dafarn wag marwolaeth,
Mi hoffwn fyw.

A dyna pam y chwiliaf am y Cwm
Tu draw i'r cymoedd,
Am Gwm Tawelwch.

*Gwilym R. Jones*

## *Cof*

Maluriwch y cofebau milwrol
yn llwch; teflwch i'r tân
y llyfrau hynny sy'n llefaru hanes.
Rhwygwch o'r llyfrau'r darluniau o ladd,
a dilëwch yr ofn o bob cofnod;
gadewch i'r cynrhon fwyta'r gweddillion yn ddim,
y cynrhon ym murgyn ein canrif,
a chewch wared â'r delweddau wedyn.

Nid felly. Pwy sydd a all sgrwbio'r sgrech
oddi ar waliau'n hunllefau yn llwyr,
neu olchi'r ddaear o lwch yr Iddewon
yn lân, a dileu'r darluniau –
y trais, y gwaed, y pentwr esgidiau,
y cruglwyth o gyrff sgraglyd,
y gwallt yn y blychau gwydr?
Bydd y meirwon yn llusgo eu hesgyrn drwy'n cwsg,
a'r bytheiad â'r glafoer lloerig
yn ein hunllefau yn cnoi ei gynllyfan.
Hyd yn oed os dilëwn bob llun o'r cyfnod hwnnw
a oedd mor anhygoel o giaidd, mae'r negydd
du a gwyn o hyd gennym.

*Alan Llwyd*

## Jezebel ac Elïas
### (Detholiad)

Pwy a all rifo erchyllterau barbaraidd dynion?
Y pyllau petrol; y moduron mwrdro;
Lladd cenedl gyfan; diddymu hil:
Rhofio cyrff Iddewon i'r ffyrnau nwy
Fel gweithwyr y De yn rhofio ysgrap i'r ffwrneisiau,
A chyn eu llosgi yn tynnu braster o'r cyrff,
Yn plicio gwallt a thynnu aur o'r dannedd:
Golchi ymennydd fel golchi llythrennau ar y llechen,
A gorfodi dyn yn anymwybodol i sgrifennu'r llythrennau
Na fynnai â'r sialc newynog a hanner-gwallgof.
Piau'r beddau yn Belsen a Büchenwald?
Nid beddau dynol, ond ffosydd o feddau
Y bwriwyd y celaneddau iddynt fel carthion ar domen y dref.
Ysgelerderau demonig yr Almaenwyr a'r Japaneaid;
Arteithderau y Saeson yn Ynys Cyprus, Affrica
A Belfast; barbareidd-dra Ffrainc yn Algeria:
Fe aeth yr erchyllterau trwy'r gwledydd fel y frech goch, gythreulig.
Y dyneiddwyr, meddal ac arwynebol yw eich dyneiddiaeth
O weled ffieiddio, bychanu a dirmygu dyn:
Nid yw dyn yn ddyn, cofiwch, ar wahân i Dduw.

*Gwenallt*

183

# Infferno

Credasom yn Uffern,
ym mhob Gehenna a fwngler-ffaglodd dyn.
Nid yw lastig iaith
yn 'mestyn yn ddigon pell
i gwmpasu'r holl danchwaoedd
a greodd y demoniaid clai.

Dihoenodd Duw
yn Passchendale
a boddwyd Ewrop mewn cors o waed.

Credasom mewn difod
pan fu farw ein Duw.
Mae'r pryfed cop yn ddiwyd
wrth eu rhwydwaith
yn y seler lle rhoed Ef.

Dechreuodd y pydredd yn y Cwymp
a tharo'r gwaelod
yn siglennydd Ffrainc,
yn Büchenwald a Dresden
A Hiroshima boeth.
Tafod y sarff
yw'r bidog
sy'n crynu yn y cnawd
a marc Cain
sydd ar dalcen yr arteithiwr.

Heddiw,
taran o bell yw'r drin:
sïodd y mellt
yn y moroedd o waed
rhad.
'Rŷm ninnau'n methu â chofio'r gwir
amdanom ein hunain
am ei fod yn atgas.
Nid yw ein llond bol o chwerthin
yn ddim ond eco
gwallgof mewn dimbydrwydd.

Llifodd rhaeadrau o bobl heibio
er y dyddiau duon hynny,
ond ni ddaw'r cnawd yn ôl
na'r Duw a laddwyd
o'i fedd yn y llaid coch.
Credasom mewn Infferno
waeth nag Uffern Dante.

*Gwilym R. Jones*

## Er Cof am Maldwyn Davies

(Ty'n y Wern, Maerdref, Llandrillo, Corwen.
Fe'i lladdwyd yn Yr Almaen ar Fawrth 6, 1945.)

Ynom nid yw yn huno – yn waedrudd;
Ni fedrwn anghofio
A brath hir ei aberth o
Yn y galon heb geulo.

*Elwyn Edwards*

185

# Hitleriaeth Etc.

Fel hyn y mae pethau'n dechrau;
Fel hyn, gydag un dyn, un dyn bach,
Un ffynnon o lid du,
Un dyn yn ffroeni hinsawdd yr amserau.

A dyna sydd yn digwydd wedyn –
Yr un dyn bach yn sugno gwenwyn
Y byd o'i gwmpas, ac yna
Yn ymborthi wrth gafn ei atgasedd ei hun
Ac yn gwancio cibau distryw.

Yna bydd yn ymgyndynnu, yn dal ati
Ac, yn reddfol, at y cafn a'r cibau daw
Cymdeithion y tywyllwch, ysglyfwyr y ddynol ryw.

A bydd y gwarthruddo,
Bydd y gwaradwyddo yn dechrau.
'A ydi dy dad, a ydi dy fam
O waed coch cyfan ein pobol?'
'A ydi dy dad, a ydi dy fam
Yn dal swydd nad ŷm ni yn ei hoffi?'
Ac wrth blentyn dywedyd,
'Dy dad, mae dy dad yn fradwr –
'Dydi o ddim yn gwneud
Fel yr ydym ni yn dweud.'

A dechreuir, wedyn, ffieiddio
Pob anghytuno. Dechreua'r udo,
Dechreua'r gweithgareddau cêl.
Dacw ystafell un a safodd
Ac a lefarodd yn groes i'r genfaint
A'r dillad ynddi wedi eu taflu drosti.

Dacw ddirgel daflu dŵr
Hyd ystafell gwrthwynebwr.
Dacw ffenestri'n malu'n yfflon,
Dacw leisiau'n sisial dros y ffôn.
Llanast cynddaredd, stremp dicllonedd:
Dulliau cydnabyddedig, os amrwd,
O sigo ysbryd a thorri dynion.

Ac yna dacw'r rhai a ddychrynir
Gan y rhochian i brynu heddwch,
Y rhai a ddeisyfa lonyddwch,
Y rhai y brawychir ohonynt eu pleidleisiau.

A phan ddigwydd hynny
Gellwch weld goleuni'r deall yn pallu;
Gellwch weld trymder casineb yn dechrau trechu
Addfwynder rheswm.
Ac yna daw dechrau'r dychryn:
Yna bydd pobol, a fu unwaith yn glên, yn fodlon
Difetha eu cymdogion.

Y lladd cyntaf
Yw'r lladd anhawsaf;
Mae pob lladd wedyn
Yn haws o gryn dipyn.

A bydd popeth yn dda,
Bydd popeth yn iawn
Yn yr afreswm hwnnw.
A bydd gweithredoedd
A gyfodai, unwaith, gyfog,
Ynghanol yr hafog cyffredin
Yn dod yn bethau arferol.

A daw artaith, tân, a distryw
Yn gyfarwydd yn yr enbydrwydd hwnnw,
Awr rhemp y ddynol ryw,
Yr awr pan fo cariad ar encil,
Yr awr y bydd arni nod aflan y bwystfil.

Rhywbeth yn debyg i hyn, fel arfer, ydi dechrau
Datodiad yr amserau.

*Gwyn Thomas*

# Jan: Portread o Werinwr: 1962
## (Detholiad)

Daeth cnoc ar bob drws am ddau yn y bore;
hawliodd y milwyr ufudd-dod.

Maluriwyd yr Eglwys, lladdwyd yr hen offeiriaid;
ond gwelsant yn gyntaf eu cartref yn ogof lladron.
Safai'r allor ar deirtroed, yn dindrwm
fel milwr meddw, ei Chroes yn deilchion ar lawr,
A'i blodau haf yn garped i'r esgidiau hoelion mawr.
O'r cefndir, o liwiau gofalus ffenestri'r hen fynachod,
syllai Crist am y milfed tro ar Groglith o'r newydd;
syllai'n dawel, fel Un a ddisgwyliodd hyn,
fel Un a wyddai am yr holl ofidiau i ddod.

O'r Eglwys, gan adael cyrff y gweision wrth draed eu Meistr,
daeth y fyddin ddisgybledig, mor surbwch ddidaro â bois yr hewl
i gartref Jan, gan roi tân ar das wair, bwyell ar wrych a ffens
a thro difater ar yddfau'r ieir, gan hysian y gwartheg allan
a'u casglu'n gatrawd daclus o gig am bythefnos.

Yna daeth swyddog i mewn i'r gegin,
bachgen cringoch a blew dan ei drwyn.
Yr oedd gwên Jiwdas yn barod o gwmpas ei wefus
ac oerfel diddadmer yn rhewi'r llygaid llwyd;
cyhoeddodd gerddediad gwareiddiad newydd yn Ewrop,
ac mai da i'r Siec fyddai nofio gyda'r lli.

Wedi chwalu popeth, fel plant piwis, aeth y fyddin ymaith
i bentref arall, gan ganu cân o fawl, a chan reibio'r merched.

*R. Gerallt Jones*

## Oblegid fy Mhlant

Ni welsom ni'r un Belsen
na'r un *Führer* i'n fferru
ag ofn a geulai ein gwaed.

Ni welsom hil yn gwilsyn
yn nwylo hil arall: y genedl loerig
a fu'n chwipio gramadeg y gwrymiau yn gronicl ar grwyn,
y poenydwyr a fu'n llunio penodau
newydd yn hanes eu hil
ag inc y gwaed;
ni fflangellwyd, ni sgrafellwyd gan weision treisgar y Fall
ar ein cefnau'r un cofnod.

Ni welsom y nos gan huddygl simneiau Auschwitz
yn ddugoch, nac arbrofion meddygon
y Fall â gefeilliaid.

Ni welsom yr Iddew'n foldew yn Büchenwald
gan newyn, na'i groen fel dilledyn llac
yn hongian amdano,
na golosgi'r celanedd glasgul
ym mhoptai eirias y Ffasgwyr.

Ni welsom y milwyr talsyth
yn llusgo'n cyfeillion crynedig i'w cernodio
yn erbyn y wal yn galed mewn rhyw heol gul.

Ni welsom yr un Somme na Versailles,
na shrapnel Passchendaele na'i dur,
na'r un Ypres wyneprwth
ei meirwon, nac olwynion sgleiniog
y fagnel yn gwthio i'r fignen
gelain ar gelain o'r golwg,
olwynion yn sgleinio gan lysnafedd celanedd cad,
fel pan aeth cenhedlaeth fy nhaid
yn fiswail i'r cadfeysydd,
a mwd a baw oedd amdo eu bedd.

Nid yw Geto Warsaw yn arswyd
nac yn ofnadwyaeth i'n cenhedlaeth ni;

dim ond hanes yw'r demoniaid hynny
mwyach yng nghronicl ein canrif anghyfrifol,
ac ni wthiwyd arnom
un ithfaen i galedu'n hesmwythfyd.

Am na ddioddefasom, am na wyddom ni
ystyr na gwewyr nac ofn,
crëwn ein harswyd ein hunain:
dychmygwn ddifa'r byd â chemegau,
a breuddwydiwn am annwn ein dwthwn, ond annwn nid oes
fel yr uffern a grewyd pan dylinwyd y genedl honno
yn does cyn i boptai Auschwitz
ei chrasu.

Pan ddarllenaf am blant bach yn Treblinka fy mab bychan tair blwydd
a welaf yn cydio'n ei degan wrth i'r milwr fidogi
ei gorff yn orffwyll;
wrth ddarllen am filwyr yn Belsen dychmygaf eu bod
yn fy nghrogi yng ngŵydd fy ngwraig
â gwifren eu gwallgofrwydd.
Dim ond edau denau, dynn
yw llinyn ein callineb:
holltir y nerf gan orffwylltra ein hoes
o ddydd i ddydd, ac arswydwn rhag y ffrwydrad a ddaw,
er ein bod, trwy dosturi, yn byw,
rhwng arswydau'r gorffennol a dyfodol di-fyd,
mewn presennol saff,
ond anochel i fyd yw'r danchwa olaf hon.

Byddai'r uffern honno, pan ddaw,
y tu hwnt i amgyffred Dante,
yr uffern fodern nas dychmygid gan neb o'r hen fyd;
efallai na ddaw yn ystod fy nyddiau i,
ond fe'i gwêl fy mhlant: dilëir y byd ar amrantiad
gan ffrwydrad un eiliad olosg:
un hil fydd y ddynoliaeth
yn y tân pan ddaw'r eiliad honno,
a phan wesgir y switsh cynhyrchir can Auschwitz, neu
waeth;
can Somme mewn un bom, un bedd
yn fedd i fyd,
a chan Belsen mewn ennyd.

Gwyn eu byd y rhai hysb, meddai Crist ar y ffordd i'r croesbren,
wrth edliw eu dagrau hidl
i'r gwragedd a wylai o'i blegid:
Nac wylwch o'm plegid i:
eithr wylwch o'ch plegid eich hunain, ac oblegid eich plant.

*Alan Llwyd*


## Hiliogaeth Cain
### (Detholiad)

Dim hel dail, dyn drwg oedd Hitler.
Ac eto o sylwi'n graff ar y mater
'Roedd rhywbeth heblaw chwilen yn ei ben
Yn ôl y dull y trefnodd mor gymen
I roi pentwr o Iddewon llwm mewn popty
Ac yna edrych arnynt yn crasu.
Yr un mor gymen 'ddwedwn i
Yr aethom, ar ein hochor ni,
I ollwng bom ar Nagasaki.
A ffrwydro'n well na Fuji Yama
A wnaeth dinas Hiroshima.
Yn y lleoedd hyn 'roedd pobol yn ffrwydro,
Yn cael eu difetha'n llwyr a'u darnio,
Yn cael eu dallu nes bod tyllau
Du a gwlybion lle bu llygadau.
Efallai'n wir na fu er dechrau amser
Y fath artistwaith – i ladd ysgelerder.
Dyma goron sy'n gymwys i ddewrder.
Beth yn awr a ddywedwch chi
Am y cynnydd mawr yn ein canrif ni?

*Gwyn Thomas*

191

# Hanes Canrif

Du oedd eu gwisgoedd, a'u gwên
lugoer yn glafoeri'n ddu ar wynebau cilwgus:
gwŷr ifainc yn ymgrymu'n ufudd ger gorseddfainc y sarff
gan fwyta'r chwydfa o'i chorff.

Ffaglau'n gwreichioni a chynnau, ffaglau yn olau'n y nos,
cerddediad y traed, cyfarchiad brawychus y breichiau,
gorymdaith cyfeillion y Fall, apostolion y Diawl;
a pharatôdd yr offeiriad du
garegl o waed i'w ddilynwyr gwallgof ei brofi,
a thorrodd y bara fel cnawd gan fytheirio a chablu.

A'r llais a lefarodd: Arllwyswch
fawl ar fy mab i gyfeiliant
sgrechiadau'r edlychod israddol a bastynir yn stond;
canys hwn yw fy mab: ymdrybaeddwch yn ei ddewindabaeth,
ac addolwch, yn genedl ddilychwin, eich dewin du.

A darparodd meddygon y genedl freintiedig honno
eu hoffer ar gyfer y gwaith:
miniogasant, â'u calen hogi, y llafnau clinigol,
a golchasant dreigl y chwys oddi ar eu talcennau
wrth gyflawni'r weithred yn fedrus.
Amddifadodd y gyllell y gwryw ifanc o'i geilliau,
a'r wraig o'i chroth,
a pharai eu harbrofion â'r bru erthyliad y rhith.
Gwisgent fygydau rhag ofn i'r gwaed eu llychwino,
a menig rhag iddo amhuro eu dwylo dihalog,
mwgwd fel mwgwd marwolaeth uwch ysgerbwd o gorff,
a'r corff, heb effaith cyffuriau i liniaru'r cur,
yn gribin dan y menig rwber,
a meddyginiaeth y rhain a ddiddymodd genedl.

Pan oedd dôr y ffwrnais ar agor, chwythai fflamau fel draig
â'i hanadl yn gwreichioni'n wynias,
gwynt eirias yn rhuo'n gynddeiriog fel bugunad tarw,
yn orffwyll wrth draflyncu'r cyrff,
a'r carthion o fwg o'i goluddion yn difwyno'r goleuddydd.

Ond nid dynion gwallgof mohonynt:
ni thyfai blew dan yr ewin,

nid ewynnent lafoer yn lloerig;
dynion cyffredin a dinod
yn ymarfer y fidog ym mherfedd y baban pymthengmis,
yn staenio'u pastynau â gwaed yr hen wraig bedwar ugain,
cyn sleifio i'w gwlâu i faldodi meistresi eu traserch,
neu i osod y cusan 'Nos da' ar wefusau eu plant.

Yn ôl un hen ffynhonnell
trichwech oedd rhif anghenfil y trachwant a'r grym.

A'r rhif, yn ôl rhai ystadegau,
a dadogwyd ar y lladdedigion
oedd chwe miliwn a chwechant a chwech.

*Alan Llwyd*

## Keith Douglas: Lloegr
### (1920-1944)

Perffeithiwyd y gwn: mewn 'sbienddrych crwn rhoddwyd croes
er mwyn cael sicrach aneliad. Cyfunwyd technoleg
a chnaf, i gael lladdfa ar raddfa ehangach i'n hoes:
gwareiddiad a greddf yr anghenfil yn un ideoleg.

Hyfforddwyd y bardd i drin offer y lladd mecanyddol;
dysgwyd iddo'r gelfyddyd o faeddu yn lle'r grefft o greu,
a disodlwyd gan yr addysg lofruddiol yr addysg fydryddol.
Troes technoleg wneuthurwr telyneg yn beiriant dileu.

A daeth un dydd at y fan lle'r oedd corff maluriedig,
y carwr a'r concwerwr yn un, a'r llun yn y llaw
gaeëdig yn ei gyfarch o hyd, ac yntau'n ddrylliedig,
a'i stumog wedi'i hagor fel ogof, a phryfed a baw

ar y llygaid papur. Nid oes gan ddur gynddaredd,
ond mae dur a dyn yn gyfuniad na ŵyr am drugaredd.

*Alan Llwyd*

193

# Carcharor Iddewig

Aeth yn dduwiol tua'i ddiwedd.
'Roedd yn ddrwg ganddo ei fod wedi pechu,
Drwy fyw. Dysgodd ddiosg
Tua'i ddiwedd ei benglog hefyd wrth ddod i'r tŷ
Lle y peidiwyd â gwastraffu Iddewon.
Cenfigennai'n ostyngedig wrth chwain y cynfasau
Er eu bod hwythau'n methu rywsut â chysgu.

Sebon synthetig oedd ei ffolennau wedi machlud
Y tu ôl i'r cwt a gysgodai bentwr
O bersonoliaethau hollt. Nid oes neb yn sicr
P'un yw'r ysgarthion. Cofiai ei fysedd tua'u diwedd
Am ryw fraich neu rywbeth, styllen o bosib
A erfyniai i fyny ac i fyny uwchben
I'r hedd, fel ysgol hud. Aeth yn dduwiol tua'i ddiwedd
Ac yr oedd yn hollol lân. Ond ymhob gwlad
Wareiddiedig, onid ydynt yn golchi'r gelain, felly,
Fel y mae'u barddoniaeth hwythau'n peri i flodau pert oroesi?

*Bobi Jones*

## Lewis Blaeneinion

'Rwy'n rhy ifanc i gofio'r hen ryfel;
deugain mlynedd o heddwch
i ni fu'r ganrif hon.
Ni bûm erioed, fwy na'm cyfoedion,
yn darged i na bwled na bom;
dyma un o'n gwynfydau mawr
yn ystod canrif a fu'n ganrif gwaed.

Ond gwaedlif y ganrif yw dy gof di,
dy gof a'th lencyndod i gyd.
Eto, mor oleuwedd yw dy feddwl
fel dydd o hwyl diofal, dydd o haf;
meddwl digwmwl o des
fel hedd y nef las
ar ddiwrnod ffein dros gaeau Blaeneinion.
Ond a yw'r haf yn tywyllu ar dro
a'r dydd o afiaith yn duo weithiau
dros wybren dy ben? Oes 'na ryw hen boen
yn codi'n storm o'r co' i anrheithio'r haul,
a hen weunydd gwyrdd Blaeneinion
yn ymrithio'n dy galon yn graig o waed?

Rhua awyrennau drwy'r oriau hynny
am ynys dy ymennydd
gan udo'n yfflon drwy bob nerf,
a'u bomiau'n fflamio eto dros bob man
i gytgan fioled o fwledi
nes bod penrhyn a môr dy gorun
yn malu'n uffern o wyll candryll, coch.
Hwyrach fod rhwyg y shrapnel yn dychwelyd
bryd hyn drwy a`rogleuon y meirwon a'r mwd
yn bang ysgarlad o boen;
yn gur drylliog o gof
am yr eiliad pan oedd niwl marwolaeth
yn disgyn drwy'r tân amdanat,
a choelcerthi'r nos yn diffoddi'n waedd.

'Rwy'n rhy ifanc i gofio'r hen ryfel,
rhy ifanc i gofio,
ond 'rwy'n gallu synhwyro ei holl
gythreuldeb yn dy diriondeb di.

*Donald Evans*

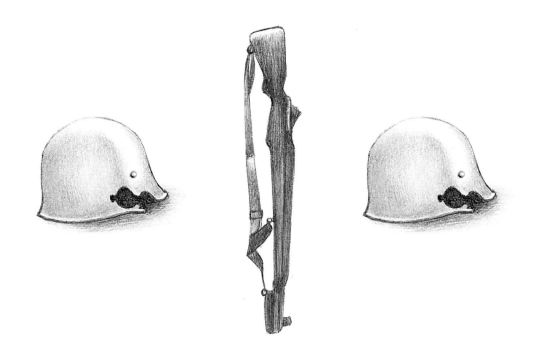

# Galarnad Cenhedlaeth

(Ar ôl darllen rhifynnau'r Ail Ryfel Byd o'r *Cymro* a'r *Faner*.)

## I

Darllenais rifynnau pum mlynedd o'r *Cymro* a'r *Faner*,
a'r Rhyfel drwy inc pob rhifyn yn gwaedu'n goch,
a chan adael y dystiolaeth a olrheiniwn ar ei hanner
darllenais sawl cofnod a theyrnged, heb glywed y gloch
yn bygwth cau drysau prydlon Llyfrgell y Dref:
darllenais am hynt rhai ohonynt ar gyrch awyrennau,
un arall yn marw'n ei glwyfau, a'i waed ym mygu ei lef,
cenhedlaeth gyfan ar goll rhwng y tudalennau …

Llith ar lith yn croniclo marwolaethau pum mlynedd,
cenhedlaeth a hidlwyd trwy ridyll y Rhyfel Mawr,
a llun ambell un yn llawn o obeithion y llynedd
cyn i garn y bwystfil eu sarnu'n siwrwd i'r llawr:
hogiau o'r bröydd Cymreig: Llanrhystud, Llanrwst,
Cwmllynfell a Llanfor, Trefor, Aber-soch a Rhostryfan;
glaslanciau a hastiwyd i ryfel o'u pentrefi di-ffrwst
nes bod cofeb pob llan yn gofeb i genhedlaeth gyfan.

## II

Dyfalaf pwy oeddynt, gyd-filwyr y gwmnïaeth lawen,
a'u bywyd, efallai, yn wynfyd, a'u gwynfyd yn gân
nes i'r fwled ddistewi'r gyfalaw, a diffodd gorawen
eu hieuenctid di-hid, a'u mwydo ym medydd y tân:
bechgyn diaddurn y pridd, ac yn gwrs eu gwladeiddiwch,
yn dyheu am briodi, cenhedlu, a bwrw eu had;
cenhedlaeth y chwilfriwiwyd ei breuddwyd dan garn barbareiddiwch
pum mlynedd o uffern ar feysydd gwaedlyd y gad.

Carent wylio'r aradr yn troelli'r cwysi fel nadredd,
a'r gaseg ddi-rus â'i thresi amdani yn dynn;
carent wylio'r coedlannau'n cyd-ddeilio, a'r hydref a'i fadredd
yn tanbeidio'n y bedw, yn mudlosgi'n yr ysgaw a'r ynn;
carent ollwng y cŵn i brocio'r cwningod o'u tyllau,
a chydorwedd â merched eu hiraeth yng nghysgod y pîn;
gwylio'r gwenyn, yn feddw gan baill, yn diflannu i drobyllau
bysedd y cŵn, ar eu hymdaith yn nhrymder yr hin.

# III

Enwau ar gofebau yw'r rhain a fu unwaith yn feibion,
ond enwau diwyneb. Nid yw'r coffa amdanynt mwy
ond brithgof yn ymylu ar angof: aeth eu haberth heibio'n
ddisylw, er trochi'r pabïau'n eu hangau hwy.
Nid yw'r papur wythnosol yn rhwydo pryder perthnasau,
na'r golofn yn crisialu'r galar: diddagrau yw haenau'r graig;
nid yw'r cerrig yn cofnodi'r curio, ni oroesodd yr iasau
o hiraeth yn y garreg wrogaeth, na gwewyr gwraig,

na hunllef y fam, â'i dyddiau'n dywyllwch angladdau,
a thrymlwyth yr amlen yn ei gwasgu'n ddidostur i'r llawr:
arwriaeth y gwŷr a oreurwyd ar goflechi'r neuaddau,
ond arwriaeth y wyliadwriaeth hyd doriad y wawr
ni choffeir gan y cerrig geirwon, ac nid oedd tynerwch:
ni ellid rhoi gwefus ar gofeb nac anwesu'r maen,
a bellach mae'r oerfel â'i gerfiad, a'r glaw, wrth i'w ddifaterwch
bylu eu henwau, yn difwyno'r gofadail blaen.

*Alan Llwyd*

# Lloches Anderson 1941

Hwyliasom mewn llong danfor
dan y storm, ac ambell don
yn wyrdd o'i mewn ar ruddiau
yn ein hyrddio at y ffin,

gan chwyrlïo mewn distrych
ddistryw'n erbyn clec ein cafn.
Disgynnai diweddau o'n cylch
gan grydu, rhincian ein crychwallt.

Roedd nerfusrwydd perisgôp
simnai ein cartref agos
fel siglo dis mewn dysgyl.
Cydsiglai'n penglogau i'r lli
gan daflu 'lan eu hanegni.
Chwaraeem dan yr wyneb
fel y ceid rhyw ennill o'r gêm.

Tybed ai un dot a ddôi
neu ddau neu ragor, rhegem,
sŵn dominôs i'n damnio ni
drwy din awyren i'r dŵr?

Crynai tarth o'i charthion siawns
yn nannedd brics dychrynus

y tai o'n deutu. Hyrddid
ein llestr o'r naill dafl i'r llall.

Chwibanai'i chwŷd drwy gudyn
gan ysgeintio uwch y fan
lle y suddasai ffenestri –
ymhell o bob cenedl, heb
borthladd namyn mewn tanchwa.

Ffrwydrad 'lan i'r lloer, a chwyth
i'r dwfn. Crychdon geneuau
'lynai wrth siglad eu braw
fel wrth gylch achub. Oni
fyddai ymadael â'n dig
yn un â 'madael â'n cig?
Sgrialai'r gerddi'n gathod
â sgrechau'u hamau ymaith.
Diflannai'u hewyn: dim ond
pysgodach gaed ar ôl yn
lle'u blodau yn sych-chwythu
tra croesai chwilolau-uwch
y lle bu'r môr – chwilolau
fel bendith wen tangnefedd
gyda glaw och a gwynt coch.

*Bobi Jones*

199

# Meini

(Ar achlysur hanner-canmlwyddiant sefydlu'r Cenhedloedd Unedig)

Rhifwyd holl feirw'r Rhyfel,
Eu rhifo hwy'n dorf, a hel
Eu henwau, a'u troi'n hanes;
Meini'n eu troi'n ddim ond rhes
O enwau heb un wyneb,
Miliynau o enwau'n neb.

Enwau'n sglein ar y meini,
Enwau'n holl anwyliaid ni:
Maen ar faen o gyfenwau,
A'r maen gan ddagrau'n trymhau:
Dagrau gwaed o garreg oedd
Maen tawel y minteioedd.

Pan aeth cenhedlaeth fel cnwd
O wair dan lafnau'n siwrwd,
Di-rif oedd yr holl dyrfâu
Di-rif fel dail hydrefau:
Y byd, un gofeb ydoedd,
A byd o ddiawlineb oedd.

Cŷn ar faen ein canrif oedd
Y cŷn a enwai'r cannoedd,
A'u henwau diwahaniaeth
Fel brech ar goflech, ac aeth,
Drwy arfod oer, rif y dail
O fywydau'n gofadail.

Crud rhyfel yw cartrefi;
Lleiddiaid o'n hanwyliaid ni
A grewyd; hawliwyd pob tŷ;
Faen wrth faen, dadelfennu
Ein tai oer ni'n ein tir neb
Ar gyfer llunio'r gofeb.

Aeth iâ'r maen, gan ei thrymhau,
Yn heth i'r galon hithau:
Rhannai'r rhew ni ar wahân,
Gaeafu'r ddaear gyfan;
Ynom cariem y cerrig,
Ynom nid oedd ond maen dig.

Ond daeth brawdoliaeth o'r dom;
A chân brawdgarwch ynom
A glywyd; trowyd y trwch
O gerrig yn ddyngarwch,
Ac o'r cerrig dig y daeth
Adeilad ein brawdoliaeth.

Trwy droi'n genedl genhedloedd
Uffern na dicter nid oedd;
Carreg ar garreg a aeth
Yn aelwyd un ddynoliaeth;
Yn gartref eilwaith hefyd
Y troesom ni'r meini mud.

*Alan Llwyd*

200

# Cydnabyddiaeth a Diolchiadau

Dymunwn ddiolch i'r unigolion a'r sefydliadau canlynol am eu cymorth amhrisiadwy wrth baratoi'r gyfrol hon:

I J. Eirian Davies am y canlynol, allan o *Awen y Wawr*, Gwasg y Druid (1947): 'Gwroniaid Arnhem', 'Y Ffoadur', 'Malurion', 'Cyrch-awyr', 'Marwnad Awyrennwr' a 'Molawd y Milwyr', ac i Wasg Gee a J. Eirian Davies am 'Anne Frank', a gyhoeddwyd yn *Cyfrol o Gerddi* (1985).

I Gymdeithas Lyfrau Ceredigion am ganiatâd i gynnwys cerddi T. Eirug Davies yn y flodeugerdd, sef '1941', 'Y Goelcerth', 'Y Nadolig (1941)' a 'Chwerthin y Meirw', o'r gyfrol *Cerddi Eirug* (1966).

I Emyr Edwards am ganiatâd i ddefnyddio gwaith J. M. Edwards, sef 'Dociau', 'Gair at B. T. Hopkins', 'Geiriau mewn Dyddiau Du', 'Nadolig Ewrop (1945)' a 'Beddau', a gyhoeddwyd yn *Cerddi J. M. Edwards: y Casgliad Cyflawn*, Gwasg Christopher Davies (1980).

Cyhoeddwyd cerddi James Ellis yn wreiddiol yn *Caneuon Cymro*, gan yr Awyrennwr James Ellis (1528092, R.A.F.), a gyhoeddwyd gan Caradog Ellis, Llanfairfechan, 1953. Methwyd dod o hyd i'r un aelod o deulu James Ellis.

I Aled Lewis Evans am 'Dachau'.

I Donald Evans am 'Belsen' a 'Lewis Blaeneinion', o'r gyfrol *Machlud Canrif*, Cyhoeddiadau Barddas (1982).

I Wasg Gomer ac Elwyn Evans am y cerddi canlynol, o *Amser a Lle* (1975): 'Recriwt', 'Porthladd Aden: 1942', 'O'r Dwyrain' (detholiad), a dymunwn ddiolch hefyd i Elwyn Evans am y lluniau ohono'i hun.

I J. Gwyn Griffiths a Kate Bosse-Griffiths am 'Cyn y Storm' (Kate Bosse-Griffiths), 'A Yw eich Taith yn Hollol Angenrheidiol?' (J. Gwyn Griffiths) ac 'Er Cof am Goronwy Harcombe' (J. Gwyn Griffiths).

I Wasg Gomer a Nel Gwenallt am ganiatâd i gynnwys 'Cymru a'r Rhyfel', o *Cnoi Cil*, Gwasg Aberystwyth (1942), 'Plant Yr Almaen' o *Eples* (1951), a'r detholiad byr o'r bryddest 'Jezebel ac Elïas' o'r gyfrol *Gwreiddiau* (1959).

I Dr Eirwen Gwynn am 'Llundain, 1944' allan o *Barddoniaeth Harri Gwynn*, Llyfrau'r Dryw (1955).

I Wasg Gee am hawl i gynnwys cerddi I. D. Hooson yn y flodeugerdd. Cyhoeddwyd 'Rhyfel', 'Twmi', 'Y Malu' a hefyd 'Y Clychau' yn *Y Gwin a Cherddi Eraill* (1948).

I Wasg Gee eto am 'Rhyfel', T. Rowland Hughes, allan o *Cân neu Ddwy* (1948).

I Bobi Jones am 'Carcharor Iddewig', o *Casgliad o Gerddi*, Cyhoeddiadau Barddas (1989), a 'Lloches Anderson 1941'. o *Canu Arnaf*, cyfrol 1, Cyhoeddiadau Barddas (1994).

I Dewi Stephen Jones am 'Y Noson o Risial', o *Hen Ddawns*, Cyhoeddiadau Barddas (1993).

I Nesta Wyn Jones am bob gwybodaeth ynghylch Llewelyn Lewis, ac am roi'r llyfryn *I Gofio am Llewelyn Lewis 1919-1941* ar fenthyg inni, ac am roi caniatâd y teulu i gynnwys gwaith Llewelyn Lewis yn y flodeugerdd hon.

I Wasg Gwynedd am 'Er Cof am Edgar', R. E. Jones, allan o *Awen R.E.* (1989).

I R. Gerallt Jones a Gwasg Gee am y detholiad o 'Jan, Portread o Werinwr', o *Cwlwm* (1962).

I Wasg Gee am 'Trannoeth y Drin' o *Tannau'r Cawn*, William Jones, Nebo (1965).

I Wasg Gomer a Mair Saunders am ganiatâd i ddefnyddio 'Y Dilyw 1939' a 'Haf Bach Mihangel 1941', a gyhoeddwyd yn *Byd a Betws* (1941), Gwasg Aberystwyth.

I Idwal Lloyd am 'Y Milwr, 1944', allan o *Cerddi'r Glannau*, Cyhoeddiadau Barddas (1985).

I Wasg Gee, Luned Meredith a Mrs Alis Llywelyn-Williams am y cerddi canlynol o waith Alun Llywelyn-Williams, a ymddangosodd yn *Y Golau yn y Gwyll* (1979): 'Pryder am Sbaen a Chymru', 'Ar Drothwy Rhyfel', 'Mewn Brwydr Nos', 'Chwilio'r Tir', 'Y Gwrth-gyrch', 'Y Byd a'n Blina', 'Yma'n y Meysydd Tawel', 'Baled y Drychiolaethau', 'Yn yr Ysbyty', 'Ar Ymweliad', 'Rhyngom a Ffrainc', 'Y Prysur Bwyso', 'Yr Awyrennwr', 'Nadolig Cyntaf Heddwch', 'Wedi'r Drin', ac 'Ym Merlin – Awst 1945', a hefyd am y lluniau o Alun Llywelyn-Williams yn ystod cyfnod y Rhyfel.

I Wasg Gee am y cerddi canlynol o *Clychau'r Awen*, Mai o Fôn (diddyddiad): 'Synfyfyrion', 'Y Rhywbeth Hwnnw', 'Mehefin 1942', 'Colli'r Gân', 'Cuddio'r Graith', 'Medi' a 'Mynwent y Milwr'.

I Glennys Roberts a Gwasg Gwynedd am hawl i atgynhyrchu tri englyn gan William Morris, 'Bomio: 1941', 'Milwr' a 'Bachgen o Filwr', o *Canu Oes* (1981).

Ymddangosodd 'I Gofio Cymro' a 'Dathlu (1941)' a 'Dathlu (1942)', T. E. Nicholas, yn *Y Dyn a'r Gaib* (1944), cyfrol a gyhoeddwyd yng nghyfres Llyfrau Pawb, Gwasg Gee, a diolchwn i'r wasg am ganiatâd i gyhoeddi'r soned yma; cyhoeddwyd 'Yr Helfa', 'Dathlu (1946)' a 'Merthyr yn *Dryllio'r Delwau* (1941) Gwasg yr Arad, Towyn, ac ni welem fod y gerdd, felly, o fewn hawlfraint o hyd, nac eraill o waith a bardd.

I Wasg Gomer am hawl i ddefnyddio dau englyn J. Dyfnallt Owen, 'Cri Madonna', 'Nadolig 1939' a 'Calan 1942', a gyhoeddwyd yn *Y Greal a Cherddi Eraill*, Gwasg Aberystwyth (1946).

I Wasg Gee am 'Cobler y Coed', 'Y Ffliwtydd', 'Dechrau'r Diwedd' a 'Hitleriaeth', R. Williams Parry, o *Cerddi'r Gaeaf* (1952).

I Wasg Gee am gerddi Iorwerth C. Peate: 'Cofio', 'Awyrblandy Sain Tathan' a 'Morthwylio', i gyd o'r gyfrol *Canu Chwarter Canrif* (1957); cyhoeddwyd 'Bwystfilod' yn *Y Deyrnas Goll a Cherddi Eraill*, Llyfrau'r Castell, Caerdydd (1947).

I John Roderick Rees am 'Caethiwed'.

Cyhoeddwyd 'Sbaen (1938)', 'Guernica (1938)', 'Hydref 1939', 'Dieppe 1942' a 'Myfyrdodau Herr Wilhelm Gunther' gan W. H. Reese yn *Medi'r Corwynt* (1943), a argraffwyd ym Mlaenau Ffestiniog gan J. D. Davies. Methasom ddod o hyd i'r perchen hawlfraint.

I Emrys Roberts am '1940', 'Cyrch', 'Yoko Ohta' a 'Yoshiko' allan o *Pwerau*, Gwasg Christopher Davies (1981).

I O. Trevor Roberts am 'Ger Ynysoedd Cape Verde: 1942'.

I Wasg Gee am ganiatâd i gynnwys y cerddi canlynol, o'r gyfrol *Plant y Llawr* (1946), o waith R. Meirion Roberts, a hefyd i'r Parchedig Angharad Roberts ac Esyllt Harker: 'Dinistr', 'Y Milwr', 'Llyfrgell Ysbyty', 'Ar Wasgar', 'Dwy Ŵyl', 'Nadolig 1941', 'Ymladd Gorffennaf', 'Y Diffeithwch' a 'Gobeithio'.

Anfonodd y diweddar Selyf Roberts ei gerddi at olygyddion y flodeugerdd hon cyn ei farwolaeth, sef 'Tân', 'Popski', 'Nyrs ym Menghazi', 'Angen' a hefyd 'Y Plant yn Napoli'. Anfonodd hefyd ddau lun ohono'i hun yn ei wisg filwrol atom. Gofidiwn yn fawr na chafodd fyw i weld cyhoeddi'r gyfrol hon.

I Dafydd Rowlands a Gwasg Gomer am 'Schutzstaffeln – 45326', o *Meini* (1972).

I Wasg Gee am ganiatâd i ddefnyddio 'Y Dewin', 'Ar Bromenâd', 'Ar Brynhawn o Haf 1942', E. Prosser Rhys, a gyhoeddwyd yn *Cerddi Prosser Rhys* (1950).

I Gwyn Thomas a Gwasg Gee am y cerddi canlynol: 'Ar Ôl yr Ail Ryfel Byd' o *Chwerwder yn y Ffynhonnau* (1962), 'Dyddiau Gofid' a 'Hiroshima' o *Y Weledigaeth Haearn* (1965), *Hiliogaeth Cain* (detholiad) o *Ysgyrion Gwaed* (1968), 'Ffoadur' o *Y Pethau Diwethaf* (1975), 'Berlin 1945' o *Symud y Lliwiau* (1981), 'Hitleriaeth Etc.' o *Wmgawa* (1984) a 'Pa Fodd' o *Am Ryw Hyd* (1986).

I Dafydd Timothy am y gerdd 'Eu Cread' o waith ei dad, O. D. Timothy, ac am y llun ohono.

I Wasg Gomer am hawl i gynnwys 'Y *Blitz*', o *Caniadau Trefin*, Gwasg Aberystwyth (1950).

I Rhydwen Williams am 'Dunkirk', 'Llygaid', 'Cyrch-awyr', ac 'Ar Goll', allan o *Barddoniaeth Rhydwen Williams: y Casgliad Cyflawn 1941-1991*, Cyhoeddiadau Barddas (1991).

I Dilys Williams a Gwasg Gomer am gerddi Waldo Williams, sef 'Cyfeillach', 'Y Tangnefedd-wyr' a 'Die Bibelforscher', a gyhoeddwyd yn *Dail Pren*, Gwasg Aberystwyth (1957); cyhoeddwyd 'Englynion y Rhyfel' yn *Y Faner*, Mawrth 19, 1941.

Ni chawsom ateb gan Wasg y Sir, Y Bala, ynghylch cerddi Gwilym R. Jones, ac felly tybiwyd nad oedd unrhyw wrthwynebiad i ni gynnwys cerddi gan Gwilym R. Jones yn y casgliad hwn. Cyhoeddwyd 'Hydref yn Ewrop', 'Cysur yn Amser Rhyfel', 'Er Cof', 'Y Tri Llanc' a 'Cwm Tawel-wch' yn *Cerddi Gwilym R.* (1969). Cyhoeddwyd 'Er Cof am Glyn Roberts' ac 'Infferno' yn *Y Syrcas a Cherddi Eraill* (1975). Cyhoeddwyd 'Cofeb Ryfel' yn un o lyfrau Cyhoeddiadau Barddas, *Mae Gen i Lyn a Cherddi Eraill*. Ni chawsom ateb gan nifer o rai eraill ychwaith, a thybiwyd eto fod croeso inni gynnwys y cerddi a nodwyd yn y casgliad. Gwnaethpwyd pob ymdrech gennym i ddod o hyd i bob perchen hawlfraint, ond ni lwyddasom gyda phob un. Gobeithio na bu inni dramgwyddo yn hyn o beth. Codwyd nifer o'r cerddi o gylchgronau ac o bapurau newydd sydd wedi peidio â bod erbyn hyn, a methwyd dod o hyd i berthnasau nifer o feirdd.

Diolch i The Hulton-Deutsch Collection am y lluniau ar y tudalennau canlynol: wynebddalen, 2, 3, 4, 6, 9, 12, 17, 19, 22, 24, 26, 27, 47, 53, 59, 67, 76, 78, 81, 82, 87, 110, 118, 129, 139, 150, 152, 155, 159, 161, 164,166, 168, 174, 177, 179, 183.

I'r Parchedig Angharad Roberts ac Esyllt Harker, sef dwy ferch R. Meirion Roberts, am y lluniau o'u tad ar dudalennau 29, 56, 61, 103, 131.

Diolch i Sheryl Harris am y lluniau a geir ar y tudalennau sy'n cyflwyno pob adran, ac am y motifau a geir yma a thraw.

Diolch i bawb yng Ngwasg Dinefwr am eu gwaith destlus a chydwybodol arferol.